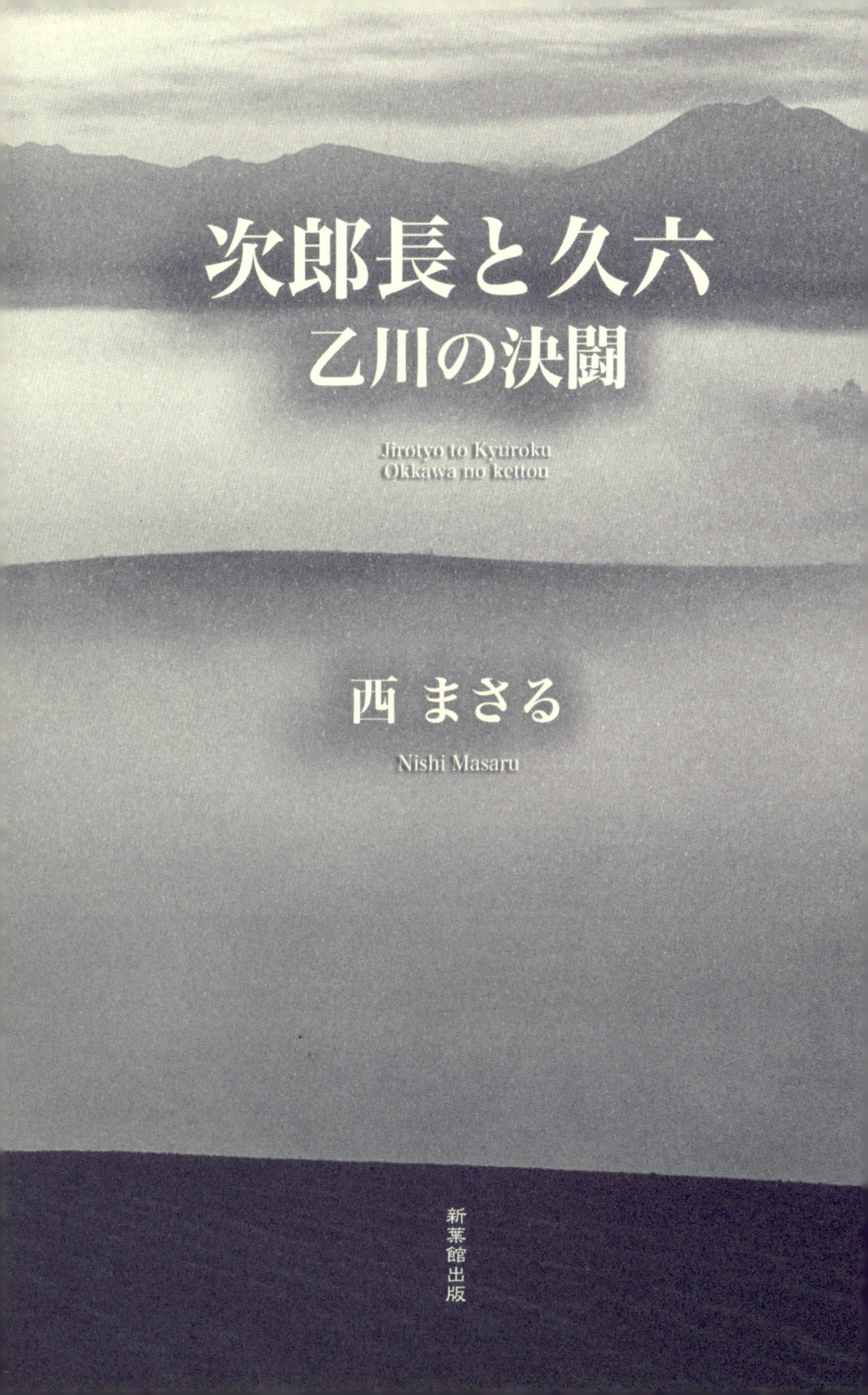

次郎長と久六
乙川の決闘

Jirotyo to Kyuroku
Okkawa no kettou

西 まさる

Nishi Masaru

新葉館出版

はじめに

愛知県、知多半島の中ほどに半田市。そこに乙川という古い町がある。

江戸末期、その乙川村を清水次郎長が保下田の久六が走り回り、ひとつのドラマを生み出した。

中日新聞系ミニコミ紙『乙川ホームニュース』(増田新聞舗発行)に、そんな「乙川と次郎長」の記事が載ったのが今年、平成十五年の初め。「次郎長と久六─乙川の決闘」のことである。

乙川の人なら誰でも知っていると思っていた。

ところが意外と知られていない。事件は知っていても場所を知らない。内容も誤解だらけ。

次郎長に関しても、「次郎長の養女が乙川の人」と郷土史家に言ったら、アッと言うし、「半田市の中埜酒造が次郎長の助力で、清水に『中泉現金店』という酒の量販店を創った」などは中埜酒造の社員も知らないありさまであった。

そんなこと知らなくたって、別にどうってことはないんだが、ルポルタージュを書く人間の、変てこな脳みそを妙に刺激したのがこの本を書く切っ掛けである。

勢いあまって、決闘の舞台である葭野畷《よしのなわて》の地主、山田耕市さんに「次郎長の足跡碑を建てる気はないか」とけしかけてしまった。元の半田市長でもある山田さんは「乙川のためになるなら」と快諾されたのだが、碑の建立は私の守備範囲外、乙川の人たちが今後どう動き出すのか見てみるしか仕方ない。

過日、山田さんと、百五十年程前、次郎長と久六が対決した場所を歩いた。今はホームセンターの大駐車場となっていて江戸時代の面影もないが、流れ来る風に歴史の香りを感じずにはいられなかった。その折、氏がやんわりと執筆を励ましてくれたのと、事件の重要な取材先を紹介してくれたのがこの本には大きかった。

そんなこともあり、本稿は出来るだけ史実から逸れぬようにしたかった。しかし極端に資料の少ないアウトローの世界。しょせん情況証拠の模索にしかならなかったようだ。

また、清水次郎長に関しては『東海遊侠伝』を底本にせざるを得なかった。

しかし、こと乙川の決闘については乙川の人々に思わぬ伝承や秘話をもらい、かなりの確率で真実を引き出していると思う。そんな意味で、本著は乙川の人々と私の共同作業だったと言っていい。

私はライターという職業柄、様々な原稿を書いてきた。その多くは注文に応じたものだったから、少々不自由なものでも何とか誤魔化しながら本や記事にしてきた。ところが今回はどうも勝手が違う。注文主がいないのは承知の上だが、資料が少なすぎるのに加えて、浪曲、映画の「次郎長もの」の大ヒットがあだとなり、その脚色が史実のように人々に浸透し切っている。史実よりフィクションの方が完全にまさっているのだ。

それに反抗したわけではないが、史実史実と意地になって、面白味に欠けるものになったきらいは否めない。「次郎長と久六」の題名から股旅小説を期待した読者には謝らなければいけない。

清水次郎長は街道一の親分といわれ侠客として有名だが、ただのヤクザではない。晩年、「富士の裾野を茶畑にする開墾事業」や「油田事業」「蒸気船を清水港に就航させ」

「清水で英語塾を開設」など進歩的な事業を次々となした。明治初期にである。現代でも通用するそんな革新的な着想を次郎長はどこで手に入れたのだろう。私は驚きをもって、彼のアクティブな未来志向に注目した。彼は浪曲や映画で有名になっていなくとも明治維新以後の存在だけで、必ず名を残した男と思う。

対して保下田の久六という男。もし彼が次郎長というスーパースターに斬られていなければ、今日、久六の名を知るものすら、全くいないだろう。

そんな久六を酔狂にも探ってもみた。

ともあれ、安政六年正月、次郎長と久六の不仲が決定的になった。

安政六年六月十九日、久六は乙川村葭野畷で次郎長に斬られた。

今まであまり書かれなかったその半年を、何とかノンフィクション風にまとめてみた。

加えて江戸時代のアウトロー、博徒の生きざまにも触れ、紙面を割いた。

世のため人のためになるテーマではないが、こんな本が一冊くらいあったっていいだろうと思っている。

9　次郎長と久六

目次

次郎長と久六——乙川の決闘

Ⅰ. 序章：乙川《おっかわ》村《むら》葭野畷《よしのなわて》

一、次郎長　葭野畷で久六を待つ

「よし！　喧嘩支度だ！」。すくっと次郎長が立った。

「おう！」と大政が応え、石松が、八五郎が、「わあー」と声にならぬ声をあげた。

安政六年（一八五九年）六月十九日のことである。場所は尾張の国は知多半島の中ほど、乙川村葭野畷《よしのなわて》（現在の愛知県半田市乙川吉野町）、見渡す一面は葦の荒れ野。葦の長い青葉が午後の日差しを受け、波のように光るころであった。

ここ葭野畷には、名古屋方面から半田村に入る道と、亀崎村から半田村に入る道が合流し、見返り橋（現・半田大橋）にさしかかる道が通っている。橋は英比川（現・阿久比川）に掛かる幅四尺の仮橋で、半田、常滑方面にはこの橋を渡る以外に道はない。

南には三河湾の浜辺が迫り、北には墓地が見えるだけ。西は英比川の堤。大きな五本の松が堤に立っている。東は半町ほど先に乙川村の集落、そこから真っ直ぐ向かって来る一本が次郎長が待つ相手、保下田の久六が来るべき道。

そんな光景の葭野畷が、この出来事の舞台である。

清水次郎長は、大政、森の石松、八五郎をしたがえ、陽の上がるころから葦の原周辺に潜伏、時を待っているのである。

〇

天保十二年（一八四一年）刊の乙川周辺の絵地図がある。

「葭野畷」は殺風景な荒地に一本道が描かれている。亀崎からの道と名古屋方面からの道を見ると、乙川村の集落のはずれで合流。一本の道となって見返り橋に向かっている。集落を出た辺りの道の左右は水田。そしてすぐに左右は荒れ野として描かれている。

次郎長が久六に襲い掛かったのは道の左右が水田から葦の原に変わるあたり。

明治二十三年（一八九〇年）刊の乙川の地図がある。

近くに鉄道が通り、町並みが整備された印象はあるが「葭野畷」も葦の荒れ野も江戸時代のまま。次郎長の生きている間、「葭野畷」に何の変化もなかったようだ。

Ⅱ・久六との確執

一、凶状旅

安政五年（一八五八年）、江尻の大熊の子分が、甲州の祐典一家と諍《いさか》いを起こした。江尻の大熊とは次郎長の女房、お蝶の実兄である。

当時、子分の喧嘩は親分の喧嘩というのが不文律。あっと言う間にこの諍いは、大熊一家＋清水一家対祐典一家＋猿屋一家の抗争にエスカレートした。猿屋一家とは祐典一家の親分筋である。

次郎長にとって大熊は単に義兄であるだけではない。彼がやくざの世界に足を踏み込んだ天保十三年、侠客を目指し最初の旅に出た時に一緒だったのが大熊。当時の熊五郎である。以来、手探りのやくざ修行を共にし、刎頚《ふんけい》の友などという既成の表現では間に合わぬ仲となっていた。

そんな大熊への喧嘩の加勢。ずいぶんと力こぶが入ったようだ。ところが、力こぶが入りすぎたのがいけない。逃げる祐典を追って、入ったところが甲州・甲府。幕府の直轄地である。この場所がいけなかった。

喧嘩は大熊・清水連合軍が、相手陣営の総大将、猿屋の勘助を斬殺、勝利に終わった。しかし、その瞬間から一転、次郎長らは追われる身となってしまった。

当時、やくざ同士の喧嘩は比較的罪も軽く、たいして厳しい詮議もなかったようだが、この度は違った。

殺人にまで至った抗争の地が幕府直轄地であったこと、殺された猿屋の勘助は、甲府の隠居といわれた大物侠客であり、目明しの頭領であったことの二点が問題。前者は文字通り、幕府のお膝元で大抗争を起こし、殺人まで犯すとは不届き至極、というもの。加えて直轄地には力量のある役人が配置されており、他所より格段に厳しい取締り意欲があったこともある。二点目に関しては、甲府の大物、博徒といえど十手を持つ者が他国から攻め込んできた者に切り殺されたということも腹立たしかったのだと思われる。幕府直轄地のプライドがそんなところにも働いて、通常、隣国に逃げ延びれば捕吏《ほり》の手が及ばぬという常識がこの時は、くつがえされた。

駿河・清水に逃げ帰った次郎長の元にも捕吏の手が迫って来た。

次郎長は子分数人とともに女房のお蝶も連れ、清水を後にする。この抗争の旗頭はお蝶の兄の大熊。したがってお蝶の身も安全でないと次郎長は見たのだ。

次郎長一行の先ずの行き先は三河の寺津。それから尾張を抜けて瀬戸へ。瀬戸の岡市に草鞋を脱いだ頃からお蝶の様子がおかしくなった。

そのあたりの様子を『東海遊侠伝』にみてみる。『東海遊侠伝』とは次郎長が自分の生きざまや武勇を、養子の天田五郎に口伝、のちに天田の筆で出版されたもの。ほとんどの「次郎長もの」の底本である。

そこにお蝶の病状は、「医薬用度日に益々多端」とあるから、つらいつらいと言うお蝶を少しでも楽にしたいと薬を与え続けたのだろう。凶状旅だからおおぴらに医者も呼べない。瀬戸は陶器で名高いが小さな町、薬も思うように手に入らない。次郎長の持ち金も底をついた。そんな日々であった。

その窮状を『東海遊侠伝』には、「大政など朝昏四方に奔走し僅かに乏しからざるを得たり」とあって、方々に金子の工面に走った様子が分かる。工面した金を持って大政らは、瀬戸から名古屋まで七里の道を、

「厳冬積雪或は脛を没す」日も「短褐一領長刀を帯び青蛙赤脚日々名古屋に至り薬餌を求めて回る」。

すなわち、脛まで積もった雪の日も、大政は粗末な着物に用心のための刀を一本差して、青蛙の青い足が真っ赤になるほどの雪道の寒さもいとわず、お蝶の薬を求めて名古屋へ日参した、ありさまだった。

名文家・天田五郎の面目躍如のこのくだり。殊に「青蛙赤脚」などは漢詩の影響も濃く、思わずうなずいてしまう。

ともあれ、凶状旅にくわえて重篤の女房連れ、金もなくなり、動きもとれない。次郎長にとって精神的にもかなり辛い時期であったろう。

二、お蝶の死

お蝶の病状はますます悪化。次郎長らの困窮もピークに達した。見かねた瀬戸の岡市は名古屋にいた保下田の久六に使いを出した。

久六は、相撲取りだった初対面のときから始まり博徒になってからも厚かましいほど次郎長には世話になっている。「兄弟分でもないお前に、そこまでする義理はない」と次郎長は言いながらも、喧嘩の加勢をしたり、金を工面したりして来ている。

そんな久六だから、岡市の知らせがあろうがなかろうが、次郎長の窮状を知れば飛んで来なくちゃいけないのに全くの無視。動こうともしなかった。

そんな折、名古屋の侠客・巾下の長兵衛が、「この瀬戸では何かと不便。俺の家はボロ家だが、膝をつき合わせて暮らす分にはどうにかなりましょう。ぜひ、おいでください」と誘ってくれた。

次郎長はそれに甘えることにした。

名古屋に着いた次郎長は、まず、久六を訪ねた。

「久六、居るか!」と、いきなり次郎長が玄関先で怒鳴る。久六と子分たちは震えあがったことだろう。

奥から飛び出して来た久六を睨みながら次郎長は、

「お前とは十年来の付き合いだ。その間に、お前は俺に幾つものを頼んで来た? そんなとき俺は一度でも断ったことがあるかい? みんなお前の言うとおりにしてやったろう。えぇ違うかい? それなのに俺が女房を連れて難儀しているのを、見て見ぬふりだ。見舞いにも来やしねぇ。それだけなら俺の不徳の致すところ。我慢もしよう。ところがだ、岡市の兄弟がお前に使いをやって、次郎長がこうこうこうで困っている、なんで助けてやらねぇいんだ、と頼んだって言うじゃないか。その頼みにも知らん顔。それが許せねぇ。てめぇ、ヤクザの風上にも置けねぇ奴だ。今後、侠客ずらなどするな。ちっとは反省しろ!」

と言うと、さっさと帰っていた。

『東海遊侠伝』でこの一コマは、次郎長は啖呵を切った後、「温色禮を正して去る」とあるから、帰り際は「それでは久六親分、ご一統さん、失礼いたしやした」と他人行儀に挨拶をしたのだろう。

次郎長の啖呵には「今は凶状旅、お蝶も病気。お前と喧嘩してる場合じゃない。旅が終わるか、お蝶が治ったとき、きっと戻って来て、この始末をつけるからな!」という凄みを含んでいた。その凄みは、次郎長の別れの際の挨拶が静かで他人行儀であったから、なお久六にとって空恐ろしく聞こえた。

久六にとって喧嘩状を叩き付けられたに等しい次郎長の啖呵であった。

このとき久六は、滝のように言い訳しながら次郎長に詫びの金子でも渡そうとしたのだろうか、それとも、今は十手も預かる二束の草鞋の羽振りの良さで、次郎長ごとき何するものぞ、とプイと横を向いていたのだろうか。いずれにしても、首筋に寒いものがはしった久六であったろう。

○

長兵衛の家に厄介になった次郎長一行だが、お蝶の具合は良くなるどころか悪化の一方。長兵衛の家も赤貧洗うが如しの有り様であった。

一家の親分というと小金を持っている印象はあるが、所詮、博奕打ち。有るときより無いときが多いのが普通。大きな貸元でもないかぎり楽な暮らしはしていなかった。次郎長も一家を構えた頃、家に一張の蚊帳しかなかったほどだから、推して知るべし、女房の着物や小物など質屋への往復キップみたいものだったろう。

長兵衛の家に世話になっている一行は、次郎長、お蝶に加え、名前が残っているだけで、大政、相撲常、鶴吉、千代吉。計六人余が寄食しているのだから、食費だけでも馬鹿にならない。博奕打ちだから博奕で稼げばいいものだが、種銭がなければ博奕にならないし、また、そんな時に勝てないのも賭博というもの。

芝居に、

長兵衛が、明日の米がないと言う女房に、「もう金策のあてがないのなら、俺の紋付羽織を質に持って行け」と言うと、「あなた、それはいけません。侠客にとって紋付羽織は看板と一緒、もし入り用が出来て、着る物がないでは一家が立ちません」と実家《さと》へ工面に走る。襖の陰でそのやり取りを耳にした次郎長は涙を流す…と、いう場面があったが、あながちフィクションではなかったろう。

十二月三十一日。大晦日の借金取り、掛取りが長兵衛宅に押しかけた。ヤイのヤイのの催促である。

大きくもない長兵衛の家、まして、破れ障子にボロ壁は、玄関先で謝る長兵衛の声を遮るわけもなく、奥の間の床に臥すお蝶や、その傍らの次郎長の耳にいやおうなく届いた。

そんな声を聞きながら　お蝶は死んだ。

次郎長はさぞ無念であったろう。

「お蝶、すまねえ。長兵衛兄ィ、すまねえ」。唇を噛む次郎長であった。

〇

安政六年正月元日、お蝶を葬る。

このニュースは、のちに詳しく書く「侠客ネットワーク」を通じ、一気に各地へ伝達されて、間をおかず長兵衛宅に弔問客が押し寄せた。

その多くは親分衆。一人で来るわけが無い。今流にいえばボディーガードを何人も引き連れての弔問。ヤクザの三人や五人なら何ということもないが、数十人なら迫力満点。近郷近在はひと騒ぎとなった。

長兵衛宅は名古屋のはずれの幅下（今の名古屋市西区）。大きな村ではない。泊まるところも限られている。相当数の来訪に近隣の宿屋はむろん、民家にも止宿したものも多い。

そんな騒ぎに腰を抜かさんばかりに驚いたのは久六だ。先日の次郎長の啖呵が捨て台詞のように効いているし、錚錚たる親分衆の到来はまさに己に向けられた刃のように感じたに違いない。

久六の最も頼る博徒組織は常滑《とこなめ》一家。常滑の兵太郎は兄弟分。兵太郎もお蝶の葬儀には来ていない。

知多半島で厳然たる勢力を誇る常滑一家が、名古屋近郊の主な親分衆が集まる葬儀に顔を出さないのは、かなり異常だ。知多半島といっても尾張国。まして葬儀などは博徒の世界で「義理掛け」と言い、重要な社交の場であり、勢力誇示の場でもある。これを無視することは、反目の宣言。すなわち常滑一家は清水一家と喧嘩状態にあるという宣言に等しいのだ。

いろいろな記述や文献を見ても、この日まで次郎長と常滑の兵太郎が喧嘩をしてもいないのに、この状態は何故だろうと思っていたら、あったあった。

弘化三年（一八四六年）、次郎長が久六を救って三十両渡したその直後、常滑一家の幹部、大野の佐源次の子分が四人、次郎長に「賭場で勝った金を貸せ」と言い掛かりをつけてきたのを次郎長は殴り倒している。この四人はならず者で、もともと評判が悪いこともあり、佐源次が怒って親子の縁を切ったと『東海遊侠伝』にはある。しかし『遊侠伝』は次郎長側の記述。常滑一家側からみれば、子分をやった憎い奴、とみれば腑に落ちる。

佐源次が悪役四人を絶縁したのも「てめえら、四人もかかって、旅人一人始末できないで、こそこそ逃げて来やがって！　一家の恥さらし、出てゆけ！」てなことだったのかもしれない。また、次郎長が言わないものの、実はこの三十両、本来、佐源次＝常滑一家に分のある金だったとすれば一連は納得し易い。その夜、次郎長が彼らに渡すべしであった金を、もののはずみで久六に呉れてやってしまった。それ以来、常滑一家と次郎長は仲がおかしくなった。

むろん、これは私の想像で、後に大政が次郎長の許に、子分にしてほしいとやって来たとき、「大野湊で悪さの過ぎる評判の悪い四人をやっつけてくれた次郎長親分を慕ってきた」と言っているから、私の想像は外れかもしれない。

普通に考えれば、めきめきと頭角を現し、東海地方にまで勢力を拡大する新興・清水一家に対し、知多半島を堅守する名門・常滑一家が迎撃体制をとったということだろう。いずれにしても、お蝶の葬儀を契機に、常滑一家と清水一家は対立の様相を決定的にしたのである。

さて久六。困った末に一計を案じた。

自分は十手持ち、この特権を使わぬ手はない、と立場を悪用。上役人に「近頃、近在に多い強盗は金に困った清水一家の仕業。清水次郎長が張本人。また、今も近郷のヤクザを集めて何か悪さを企てている様子」と虚偽の報告をしたのである。

それを真に受けた代官所は次郎長逮捕を下命した。

そして一月八日、ついに捕り方役人が長兵衛宅を包囲した。

その日は、お蝶の初七日法要の翌日。法要の布施を次郎長は長兵衛に託したのだが、お寺に行くには長兵衛の着物はあまりに粗末。外出着はとうに質に入っていることを知っている次郎長は、自分の着物を長兵衛に着せたのだった。

寺から帰った長兵衛は、その着物のまま囲炉裏の端に坐った。

その時、「上意なり！　上意なり！」と捕り方が乱入。囲炉裏端の身なりのよい男が次郎長と見誤った捕り方は長兵衛に襲い掛かった。

「何の嫌疑でぇ、お役人！」。

長兵衛は奥の部屋にいる次郎長に聞こえるよう大声を出す。

それを聞き次郎長は、刀一本だけを抱え、裏庭に飛び出す。

そして一目散に逃げ出した。

役人の狙いは俺。長兵衛がたとえ捕まっても無実、すぐに釈放される。次郎長はこの時、この捕り物が久六の仕組んだ悪巧みで、まさか長兵衛が惨殺されるなどとは夢にも思わなかったのである。

III・次郎長の計略

一、長兵衛、牢で惨殺される

長兵衛の家から長脇差一本抱えた次郎長が、一目散に逃げ込んだところが三河・西尾は寺津の間之助のところである。

間之助は先代・治助の跡目を襲名した寺津一家二代目で、次郎長の兄弟分。先代の治助は、次郎長が博徒の道に踏み込んだ時に真っ先に世話になった男。次郎長が慕った最初の親分と言っても間違いなかろう。アウトローの行儀作法もここで学び、以来、共闘関係にあるといってよい仲だ。

次郎長は事ある度に寺津に来ている。あるときは相談に、あるときは隠れ家として、あるときは遊びに。特に、次郎長が凶状持ちとして急ぎの旅に出るときに、先ず訪れているのが寺津。次郎長にとって何より心も身体も休まる所だったのだろう。次郎長と寺津は切っても切れない関係なのである。

そんな許へ思いがけない一人の客が訪れた。長兵衛の女房お縫である。幼子をしっかり抱いている。

血の気の引いた真っ白な顔のお縫。それなのに二つの目は燃えるように真っ赤。次郎長を見るなり、その真っ赤な目から大粒の涙が止めどなく流れ落ちた。

駆け寄って次郎長、「どうされた姐さん。なんでこんな所まで来なさった。長兵衛兄ィは放免されたかい。それとも何かあったのかい」。

矢継ぎ早の次郎長の問いにも、お縫は号泣して言葉が出ない。

「姐さん！　しっかりしなせい！」。

ようやくお縫は泣きじゃくりながら、

「うちの人は死にました。牢で拷問され、鬼となってしまわれました」。

えぇっ！　と二の句の出ない次郎長。

「何でだい、何でだい！」。

お縫は、泣き伏しながら、「あの日の手入れは久六の手引き。うちの人は牢で毎日毎晩水責めの拷問。責める手下は久六の子分。はなっから生かして牢を出すつもりはなかったはず。久六憎し、久六憎し！」と繰り返えす。

次郎長、すっくと立ち上がると仁王の形相。絞り出すような声で、

「おのれ久六。俺が天地の間に居る限りは、必ずおめぇをとっ捕まえて、俺の刀で腹の腸《わた》まで切り刻んでやる。長兵衛兄ィ、待っててくれ！　きっと兄ィの怨みは晴らすぜ」

と言うと、次郎長の双眼から滴々と涙が流れた。

久六が長兵衛宅の急襲を企てた狙いはただ一点。次郎長をお上の手で捕縛させ、あわよくば死罪に、悪くとも尾張に二度と来させないためである。

虚偽の密告は成功、長兵衛宅に踏み込んだものの次郎長は逃走。代わりに長兵衛を捕まえてしまった。長兵衛はもとより無罪。せいぜい罪を被せても凶状持ちを匿った程度のもの。凶状持ちを匿ったり寄食させたりするのは当時の博徒には日常のこと、そんなことで重罪をきせては牢屋がパンクするばかりではなく、目明し組織ももたない。

少し説明すると、江戸時代の警察組織は昨今とは比較にならぬほど脆弱で、取り締まりに当たる人員も限られていた。武士は大勢いるが、彼らのほとんどは官僚や軍人と言えば分かりやすい。つまり、町人の治安を守るという仕事は少数の下級役人に任せられていた。特に博徒の取締りには手を焼いていた。というのも、賭博を開帳している情報が入っても、相手は刀剣を持った博徒が数十人。五人や六人で踏み込むことも出来ず指をくわえているだけ、という話は掃いて捨てるほどある。

それを是正すべく、地方により若干事情は違うものの、人足の取り纏めをする者や、博労の頭領や火消しの頭、いわゆる親分といわれる者に「十手」という権限を持たせ、情報の収集、犯人捕獲時の手先として使い出した。

それを「岡っ引き」又は「目明し」、その部下（手下）を「下っ引き」または「三下」と言った。そのなかに博徒の親分連中も多くいた。

江戸末期、文政年間に著された『世事見聞録』（武陽隠士・著）を孫引きすると、

「今の男伊達は、昔のそれとは替って、第一に悪党である。博奕そのほか御法度のことのみを行い、その上に、多くは岡引きとも目明しともいう者になる」と手厳しい。男

伊達とは侠客のこと。

さらに同書の記述を読みくだくと、

「岡っ引きらは、火付け盗賊ら悪党を探し出し、役人筋にひそかに告げるのが仕事だが、今はひそかに告げるのではなく、自分が権限を持っているように振舞うようになってしまった。まるで岡っ引きが役人のようになっているから、町の人は恐れ、岡っ引きはつけあがっている。役人にしても、彼らは自分の部下だから罪を見逃したりする。だから、ますます岡っ引きたちは、勝手気ままに悪事を働くようになった。また、岡っ引きの都合の悪い者には、罪がなくても罪をこしらえ牢獄に入れる」。

江戸時代の世相や風俗をあらわした本だが、ストレートに二足の草鞋の不条理を指摘している。

したがって、博徒にとって、この十手ほど都合のよいものはないということだ。自分の賭場は取り締まらず、他の賭場は取り締まる。自分の賭場を荒らすような者がいれば、無宿者、無法者として逮捕することだってできる。しっかりと自分の縄張りを守れるばかりか、縄張りの拡張だって出来る。二足の草鞋を履いた博徒は難なく一家を大きくしたのである。

そんな二足の草鞋の連中の苦労は、両者のバランスをとることだった。

お上には、ほどほどの情報提供と人的協力を。博徒仲間には出来るだけ仁義に外れないように付き合い、博徒の看板も守る。そのバランスが壊れたとき、二足の草鞋は解けてしまう。

久六は困った。

長兵衛を「凶状持ちを匿った罪」で重罪に課すと、博徒仲間から何と言われるか分からない。他の罪ならいざ知らず、凶状持ちの隠匿は任侠道では美徳に準ずるものだから、久六が鼻つまみ者になることは間違いない。それに久六自身だって年がら年中、凶状持ちを匿っている。

○

番所の中で長兵衛の低い呻き声が聞こえた。

長兵衛に対し「次郎長を逃がしたな！」と、責めるのは久六の手下。役人ではない。前に長兵衛は知らぬ存ぜぬと頑張るが、何ゆえこれほど責められるのか納得できない。前にいる三下が久六の手下とも分かっていない。

その時、奥の畳の部屋に、何と、久六の姿があった。それを見た長兵衛は、一瞬にして事情が呑み込めた。

「おのれ久六！　謀りやがったなぁ」。

長兵衛の口から声らしい声が出たのはこれが最後だった。

長兵衛の死は水責めの果てと言われているが、久六にとって彼を責めて聞くことなど何もない。久六も博徒なら次郎長の逃亡先の見当くらいついている。久六の急務は、長兵衛の口をふさいで、この密告事件を隠蔽することだった。担当の上役にも分からぬようにである。

おそらく、ひと思いに長兵衛を殺したのだろう。

水桶に顔を押し込み、押し込み……有無も言わさず。

二、久六討ちの決意

次郎長はすぐ清水に使いを出し、手のものを集めた。総勢十一名である。そのメンバーは長兵衛宅から同行の、大政、相撲常、鶴吉、千代吉に加え、森の石松、八五郎、万平、喜三郎、万吉、兵蔵ら。

寺津の間之助も子分を集め喧嘩支度。久六討ちに気勢の上がる間之助宅であった。そんな中、次郎長が静かに口を開いた。

「この喧嘩は普通の喧嘩じゃない。万に一つのしくじりも許されない。それに相手は卑怯千万の久六。どんな手を使ってくるかしれない」。

次郎長は慎重だった。それは久六の出方を計りかねていたこともあるが、それ以上に先の甲州の抗争で、十手持ちの猿屋の勘助を討った後、官権力の思った以上の強攻勢を忘れてはいなかったからだ。

「十手持ちをやる時は、慎重にやらなきゃいけねぇ」と次郎長は呟いた。

次郎長一行十一名は、寺津を出ると名古屋を迂回し一ノ宮へ寄り、伊勢路に入る。そこから船で讃岐の金毘羅宮に向かっている。

名古屋を迂回したのは久六一味と接触を避けるため。寺津から讃岐へは知多半島の湊を使えば随分と便利だが、わざわざ伊勢路まで回ったのは、常滑一家との摩擦を避けるためである。

「大願成就のためには無用の衝突は絶対避けるべき。狙うは久六の首一つ」。

長兵衛のこともあり、お蝶のこともあり、珍しくカッカしがちな次郎長の袖を引っ張り、こう進言したのは大政であろう。大政はのちの資料に「智謀の将」と冠をつけられているくらいだから、的確な判断ができた男だ。

「常滑一家が仲裁に出てくると面倒だ」とも彼らは考えていた。大組織の常滑一家が出てくれれば、聞く耳持たずと一蹴するわけにもゆかず、あれやこれやと、やり取りをしているうちに久六を逃がしてしまう。博徒同士の仲裁や仲立ちは仁義を大切にする彼らにとって無視し難いものなのである。

博徒の喧嘩、抗争はほとんどが縄張り争いだ。表面上、どんな理屈をつけようとも原因も結果も縄張りの取り合いに終始している。だから、そんな喧嘩は相手の大将を討とうが討つまいが、勢力を伸ばした時点で抗争は終わる。そして抗争の頃合に仲裁が入り、適当な終戦協定が結ばれるのが常だ。また、この仲裁の上手下手が侠客の器量であり、貫禄の有無をいわれる点だ。

清水次郎長は、清水を本拠地とした小さな一家だったが、その勢力を駿府、三河と伸ばし、やがて名古屋、伊勢を勢力下におき、街道一の親分となるのだが、その間、殺戮を伴う大抗争は三度である。三度も、と見るか、たった三度、と見るかで感想は変わるが、縄張り争いの喧嘩は、殺し合いでなく脅し合いでほとんどは決まる。無理に相手の首をとる必要はないのだ。

次郎長はこれまでと違った戦術を立てた。

これまでなら、次郎長一家の名のある子分衆に寺津や吉良の助っ人を加え、威圧感充分に攻撃態勢をとる。久六は常滑一家に駆け込み、喧嘩の様相は、清水一家対久六一家＋常滑一家となり、清水が勝てば常滑一家の縄張りである知多半島をものにする。逆に負ければ、常滑一家が三河辺りに進出して来る。こんな図柄であったろう。

今度のは、そんな喧嘩ではなく刺客的なものでいい。否、それじゃないと成功しない。正面から行って戦に勝っても、久六は逃げるかもしれない。否、必ず逃げる。卑怯なやつだ。先頭に立って打って出てくるなど万に一つもあるもんか。久六を絶対に討ち取る。それにはだなぁ……。

次郎長は参謀役の大政とそんなやり取りをして策を練ったに違いない。

三、次郎長の戦術

十人の子分をしたがえ次郎長は、讃岐の金毘羅宮に参拝に向かった。その途中、次郎長は尾張一ノ宮の金次の家に行った。金次は久六の身内、長兵衛殺し一連の事実確認である。無用な摩擦を避けねばならぬ情勢であっても、これは省けない。ことが前述の縄張り争いなら、事件の真相などどうでもよい。喧嘩の口述さえあればいいのだが、この場合は違う。

殊に、「次郎長が強盗をしている」が捏造で虚偽の密告であったこと。罪のない長兵衛をお上の権力をかさにきて殺したこと。この久六の犯した二点をどうしても白日の下にしておかねばならないのだ。それをしておかぬと、来る久六討ち成就の際、次郎長は私怨私憤で友人を斬った無謀な殺人者と言われかねない。

次郎長はそう判断し、敢えて危険を承知で一ノ宮に踏み込んだのである。

金次に会うと次郎長は、丁寧に任侠の道を話の枕にしてから、やんわりと、

「おい、金次。お前が真実を言ってくれりゃあ、俺は何もしねぇ。それどころか謝りもする。端っからお前と俺の間に、怨みもなきゃぁつらみも無い。ただ、事実を曲げて人様に、この次郎長が夜盗強盗の類と言われちゃ　黙っていられない。俺一人ならいざしらず。俺には大勢の子分もいりゃあ、兄弟分もいる。次郎長は仁義に外れた男、盗っ人夜盗と噂が立ちゃぁ、その方々にどんな辛い思いをさせるか、金次！　お前も任侠の世界に生きる男、それくらい分かってくれるだろう！」。

静かだが、一言一言が針のように鋭い次郎長の啖呵である。

「どうするんだい金次！」と次郎長が言うと、横で大政がドンと槍の柄で土間を打った。これでは金次、たまらない。久六の密告の一件をこと細かく次郎長に告げたのである。

金次の告げた一連の真相は、次郎長が知っていたものと同じ。久六の陰謀が破綻した瞬間である。

「この野郎！　斬ってしまえ！」といきり立つ石松らをなだめて次郎長は、「金次！　済まなかった。ゲジゲジ野郎の久六でも、お前にとっては親分。辛いことを言わせてしまった。許してくれよ。」と、フォローを忘れない。

実は次郎長の人気の秘密がここにある。

次郎長の伝記や伝聞を読むと、必ずこういった逸話が出てくる。

喧嘩で負かした相手を気遣う。博奕で負けた者に金を持たせる。弱いものを打たない。このての話はゴロゴロあるし、堅気さんに迷惑をかけるな、粗末な着物を着ろ、などと子分衆にも躾をし、「侠客のスタイル」を大切にした男だ。

幸田露伴の随筆に次郎長を見つけ、びっくりした。

露伴は、侠客のさまざまな種類に触れたあと、

「次郎長の如きは、賭場を或る所で開く、勝った人が大金を持って帰ると途中危険が多い。それを次郎長が心配して少しも危険のないように子分の勇者をしてこれを護らしめ、行き届いて客人に色々の世話をしたので、益々侠名が隆々と揚ったということであ

る。」

と書いている。

文豪・露伴にエピソードを拾われて次郎長も恐縮していることだろう。

そんなこんなで「次郎長さん」と慕われるのは、「弱気を助け」の精神もあるが、金次をフォローしたように戦後処理がうまい。任侠の世界は「義理と人情」といわれるが、次郎長は「人情型」「気配り型」の侠客であった。


金次の家を出た一行は伊勢に急ぐ。

同時に、金次から聞き出した「久六の悪事」の始終を「侠客ネットワーク」に乗せ、すぐ全国に発信した。

情報は口伝えなのだから、伝達の度に少しずつ色がつく。そして「善玉・清水、悪玉・久六」の図柄がここで完全に構築されたのである。

この情報の発信は後日、次郎長の命を救うほどの効果をも得ているのだ。

四、常滑湊でひと騒ぎ

次郎長一行は讃岐の金毘羅宮へ。参詣を済ませると寄り道もせず海路を一気に伊勢へ戻った。

金毘羅宮で次郎長が祈願したのは久六討ち。これは久六を討った後、その刀と多額の奉納金を石松に託しお礼参りの代参をさせているから、次郎長の祈願の内容は明白。命懸けの勝負にあたり、先祖代々から信仰の金毘羅さんに願を掛けたのだった。

伊勢に着いた十一人。いよいよ久六を急襲だと息巻いている。

「みんな、話がある」。次郎長が上座、隣が大政。残りは円く二人を囲むように坐った。

次郎長は目で大政を見る。ヘィと頷いて、おもむろに口を開いたのは大政。久六討ちの作戦会議であった。

「みんな知ってのとおり、これは普段の喧嘩《でいり》と根っから違う。皆がわれ先にと走り込んじゃ勝つものも勝てない。久六の首を獲ったら勝ち。子分を皆殺しにしても久六一匹逃がしたら負け。これを肝に銘じてくだせえ」。

大政は噛んで含むようにそう言った。


大政の戦術は以下のようであった。
1、三、四人の少数で久六を百発百中、しとめる。
2、名古屋の噂や金次の情報で、我々一行が金毘羅詣に行ったことは久六一味に知れているから、全員が清水に戻ったように見せ、敵を安心させなくてはいけない。だから、選抜組以外はできるだけ目立つよう清水に向かうこと。但し、陸路だと顔も知れ、人数もばれてしまうので海路を使う。湊では清水一家が船に乗ったように派手に振舞え。俺たちが残らず清水に帰ったと思わせるのだ。
3、鶴吉は情報収集のための別働隊とする。これは極秘とする。場合によっては、「鶴吉は破門した」などの偽情報を流すかもしれないが信じないように。
4、親分は清水に戻る隊に入ってもらいたかったが、姐さんの弔い合戦でもあると
　言って聞いてもらえなかった。

主には、この四点である。

この時点まで鶴吉がふくれっ面をしている以外、誰も異議は唱えない。夫々が自分は選抜隊に選ばれるだろうと思っているからだ。

ところが、選抜隊が、大政のほか、石松と八五郎と知らされると場は一転して騒がしくなった。もとより腕に覚えのある向こう気の強い面々、ヘイそうですか、とはとてもいかない。我もわれものひと悶着だ。

「大政兄ィは分かる。何で石松なんだ、何で八五郎なんだ」、が大半の口から出た不満だった。

外された方にすれば、清水から呼ばれ金毘羅参りはいいけれど、いざ勝負の時、親分をおいて帰ったのでは男がすたる。それにこの時点で石松や八五郎は、まだ新参。だれもが納得する人事でなかった。萬平は特にうるさく選抜隊入りを志願、次郎長にきつく

叱られたとの記録がある。

次郎長はこの騒ぎを予測していた。これは子分にとっては出世、序列に関わる大問題。傍で思うほど甘くはない。ことによれば内部抗争に発展しかねない深刻ささえ孕んでいるのだ。次郎長はそこまで計り、大政に作戦会議を取り仕切らせたのだ。

「いつまでもガタガタ言うんじゃねぇ。大政の言うことは俺の言うこと。一家で決めたことは守らなくちゃいけねぇ」と人選の中身には触れず、事をうまく総論にすり替えて場を収めた。また、もし久六を討ち損ねたら、第二弾は今回清水へ戻る連中に任せる、と念を押すのも忘れなかった。

この人事の妙は、大政と鶴吉が同郷。石松と八五郎が同郷。土地勘のある者、気心の知れている者の組み合わせ。単なる思い付きではない。少数精鋭の遊撃戦なら腕っ節も大切だが、それにも増して呼吸が大事。喧嘩のプロ、次郎長の考えそうな人事だ。

付け加えれば、久六討ちを成功させたのち、金毘羅宮へ次郎長の名代で代参するのは石松。抜擢だった。

○

一行は颯爽とした風姿で伊勢路を名古屋方面へ向かう。この噂は久六一味にすぐ伝わるだろう。

船に乗るのなら、伊勢や津、白子も大きな湊だが、一行は敢えてそこを通り越し、一直線に名古屋へと向かう。

案の定、久六の家はその情報を得て蜂の巣をつついたような大騒ぎになっていた。

「清水一家が殴り込みに来る！」

喧嘩支度。助っ人の要請。久六一家は上を下をのてんてこ舞い。久六は普段は神棚に上げてある十手を腰に差したり、胸に飾ったりで、何とか十手のご威光にすがろうとの思いがありあり。

「次郎長はいま何処や。白子から桑名ぐらい？　白子から十五里ほどか二十里かいや。どっちみち来るのは明日。落ち着け、落ち着け。オイ！」と怒鳴り散らすが、手前ぇの方が落ち着いていない。

「常滑の兵太郎兄ィに使いを出せ！　すぐ来てくれと使いを出せや！」

久六は立ったり座ったり。

そんな頃、清水一家総勢十一名は桑名に到着。普段は道の隅っこを歩くのを美徳としている一家だが、この度は企てもあり、肩で風を切って街を行く。そして度々必要でもない道を尋ねる。その時も聞こえよがしに「清水一家の者でござんすが――」を連発。否が応でも町の衆の注目を集めた。

そしてさっさと乗船。船賃は十一人分。でも乗ったのは七人。

次郎長、大政、石松、八五郎の四人は人目を逃れ、近くの町宿に入る。格好はどこにでもいるような町人姿。

もっとも、博徒・侠客というが身分は町人。一家の中や仕事中？　は揃いの法被ぐらいは着るが、普段は並みの町人と同じ。旅の時も、映画・芝居で見るような縞の合羽に三度笠、長ドス差して列を成し、では残念ながらなかったようだ。

この時の次郎長も同じ、恰好は悪いが長脇差は藁か菰で隠し、背中を丸めて近在の町人を装っていた。

鶴吉も商人姿に身を変え、同じ桑名の湊から出る七里の渡しに飛び乗って密かに名古屋に向かっていた。

○

清水帰還隊を乗せた船は桑名湊を出る。

大政の作戦では、これで一幕の終了なのだが、乗っている連中が連中。まして、選抜から漏れた腹の虫も治まっていないし、次郎長も大政もいない。どこかうずうずしていた。最初に口火を切ったのが、萬平、

「このまま清水に帰るのも胸糞悪い。久六の奴の後ろ盾は常滑一家。ちいと寄り道して立小便でもしてやろうじゃないか」と言い出した。驚いて身をのり出す連中に、「おっと、常滑で降りて事を構えようというんじゃない。船の上から立ち小便だよ」。

それならいいと、衆議一致。船を常滑湊に着けることになった。

このルートの船は伊勢湾を知多半島の西浦沿いに行く。通常、廻船は人か荷物がない限り定期航路船のように必ず決まった湊に停泊するわけではない。そんな「内海船」の事情は港町を縄張りとする清水の連中、熟知している。どうしても常滑に停泊させるための空荷物を用意。久六が唯一頼る常滑一家の本拠地に船を入れた。

「船頭さん、半刻ばかり停っておくれ」と酒手の少々も握らせると、船を出来るだけ街に近いところに停めさせた。

清水の連中は船べりに並ぶ。常滑は焼き物と湊の町。山手に窯所、街は波止場に隣接している。常滑一家の本家も湊から目と鼻の先にある。

船べりにずらっと並んだ清水の連中は口々に、やれ常滑一家は弱虫だ、久六をかばうな、来るなら来やがれ、と言いたい放題。声は人々の口も借り、波止場はおろか町中に届いた。

驚いたのは常滑一家。

この一家は常滑という寒村に生まれたものの、窯業の伸びと比例するように着実に勢力を伸ばし、知多半島の西浦側ばかりでなく、半田、亀崎から東浦。名古屋の南部の大高村、今の大府市近郊までが勢力圏。知多半島全域に君臨する大きな一家。いきなり罵詈雑言を浴びせられたのじゃプライドが許さない。「清水のたわけ！」と大勢の子分衆が長脇差を抱え血相を変えて波止場に走って来た。

頃もよしと萬平らは船を出すように船頭に言えば、ゆっくりと船は波止場を離れる。

常滑の子分衆、十数人。「この野郎！　待て！」と船に向かって叫ぶ。

清水はたった七人だが、面白がって仲間に入っている乗客も大勢いるから合わせて数十人余り。その数十人がわけも分からず、「お前の母ちゃん、で～べそ！」なんて意味もないことを叫んでいるのだから、収拾も何もあったものじゃない。船の中には笑い転げる者もいる始末。

波止場の常滑一家の方は頭に血がのぼり、長脇差を振り回すが所詮相手は海の上。喧嘩にもならない。

船は出て行く煙はのこる、じゃないが、船が出て行き、常滑には、清水憎しの怨念が残ったようだ。

萬平らが腹の虫を治めるためにやった軽率ともいえるこの行為が、意外にも次郎長の行動の援護射撃となった。常滑一家が久六周辺や他の地方に配置していた手勢を常滑・大野など、一家の中枢部に集め始めたからだ。

一家の親分、中野兵太郎はこの事件を軽くは見なかった。いずれ次郎長の知多半島侵攻はあるだろうと考えたからである。

現に次郎長は本拠地清水では全く抗争はせず、他の陣営内へ踏み込んで戦う戦法を得意としている。縄張りの拡張もほとんどが相手陣営に攻め込んで手にしたものだ。同業の常滑の兵太郎はその辺はよく分かっている。

清水は久六の悪事を口実に知多半島に攻め込む魂胆だ。そう考えたのだ。

兵太郎は、一家の精鋭を縄張りの要所に配置、結果的に久六近辺から、常滑一家の姿は消えた。

次郎長一行が船で清水に帰ったとの知らせは間もなく久六の耳にも入った。

久六は多少の訝しさを残してはいたが、やがて常滑湊の騒ぎが耳に届くとそれを確信。

「次郎長の野郎、おじけつきやがって！」と強がるのであった。

Ⅳ．「保下田の久六」解体新書

一、侠客ネットワーク

ここで保下田の久六と次郎長の出会い、それと当時の博徒社会も覗いてみたい。

次郎長と久六が初めて会ったのは弘化三年（一八四六年）。場所は知多半島の常滑・大野湊である。久六は八尾ヶ嶽宗七と名乗る相撲取りであった。

そのとき次郎長は二十七歳。侠客として名を知られるようにはなっていたが、まだ清水一家を興す前。いわゆる一家の親分ではないころだ。

この前年、清水から三河へ旅に出た次郎長は吉良の地で賭博の罪で投獄されている。赦免の後、西尾を出て亀崎、乙川を経て大野湊に入って久六と出合った。

吉良での賭博は、吉良の武一に「関東ばかりじゃなく、たまにはこっちにも遊びに来いよ」という誘いに応じたものだったから、清水に居られずに旅に出ていたわけではない。なのに、半年もの牢獄生活から解き放たれた後、家のある清水ではなく、反対方向の知多半島へ向かっているのは何故だろう。

○

ここで、当時の侠客、博徒の生き方に触れておく必要がありそうだ。

彼ら博徒は、はなから違法な賭博開帳を生業にしているのだから年中、役人に追われる立場。また、金銭トラブルも博奕にはつきもので、それに関した喧嘩や刃傷沙汰は日常茶飯事。そのため、捕吏の手を逃れ、あるいは喧嘩の後始末のため、隣国に逃げるのが常であった。当時の警察組織は藩単位あるいは郡単位で構築されており、天領や幕府直轄地で重罪を犯すなどの例外を除けば、他藩へまで厳しい追手が来ることはなかった。罪を犯す、他国へ逃亡する、ほとぼりをさまし郷里へ帰る、そんな繰り返しが当時のヤクザのライフスタイルである。

雑談だが、罪を犯し隣国に逃げることを、ヤクザ言葉で「国を売る」と言うのをつい最近知った。

ディック・ミネや石原裕次郎が唄った『旅姿三人男』という歌謡曲、「〽清水港の名物は　お茶の香りと　男伊達…」で始まる股旅演歌をご存じでしょうか。小生は音痴のだみ声をふりしぼって唄いながら、二番のサビの部分、「〽なんで大政　なんで大政国を売る」の「国を売る」が気になっていたのを解消。ちょっと気が晴れたのだが、そんなことは知っていたよ、言われればゴメンなさい。

そんな「国を売った」男たちを相互互助するように、全国に親戚・兄弟の網が張り巡らせられていた。名付ければ「侠客ネットワーク」。むろん、この親戚・兄弟は侠客的血縁関係である。このネットワークは、現代的にいえば、各一門の友好・安全保障条約ネットのようなもので、集団的自衛権を共有する関係である。くわえて、それは一門の情報伝達網であり、互いに、いつ身内に生じるか分からない凶状持ちを、それぞれ匿う役目も担っているのだ。

「男を磨くため旅にでる」のもどうやら本当のようで、旅から旅、各地の親分衆の世話になりながら旅を続ける。そうすることにより、全国に自分の知友を作り、各地の行儀作法を学び、自分を磨く、いわばハクをつける目的もあったようだ。

地元の親分宅に「草鞋を脱ぐ」際は、ご存じの仁義を切り、身元を明確にし、「一宿一飯」というものの普通は三日ほどづつ各宅を転々とし、旅を続ける。また、四日以上、逗留する際は、その一家の子分衆と同様の待遇になるルールだった。

凶状持ちの旅を「急ぎの旅」、そうではない旅を「楽旅」といった。どちらの場合も「一宿一飯」と普通は銀二分の草鞋銭が出たらしい。「急ぎの旅」の場合、親分宅に泊まらず挨拶だけに立ち寄る、すなわち草鞋銭だけ貰いに寄ることもあったという。

面白い話を田村栄太郎著『江戸やくざ研究（雄山閣）』に拾った。

旅人が草鞋を脱ぐ際、手土産として手拭一本か半紙一束を持参する。その上紙に自分の名が書いてある品だ。これは全くの形式で、受取った方は「上書を替えるのが本来ですが、略しまして…」と、その品を今度は旅人への土産としてそのまま返す。旅人は上紙の汚れた一本の手拭を、一軒ごとに出してはまた返してもらい、旅をしている間はこれを繰り返すわけだ。

こう書くと、全国各地へ無銭旅行ができる結構な旅と思われるふしもあろうが、仁義、すなわち挨拶の仕方はもちろんのこと、飯の食べ方、茶の飲み方、布団の敷き方から寝るスタイルまで決められていて、それに背くと場合によれば命をとられることもあったというから、そうは楽な一宿一飯の旅ではなかったようだ。

ともあれ、当時の博徒は旅から旅に終始する暮らしであったことは間違いない。

そんなところから考えれば、この時の次郎長の大野湊行きは「楽旅」だったのだろう。

二、次郎長と久六の出会い

さて、次郎長が大野湊に草鞋を脱いでいたときである。

常滑一家・大野の佐源次の賭場に遊んだ次郎長は目もよく三十両余りを手にしていた。

そこに居合わせたのが相撲取りの八尾ヶ嶽の宗七、すなわち久六である。

久六は力士の商売道具ともいえる化粧回しを質に入れて博奕に興じ、大負け。明日の土俵に上がれないと、顔色もなかった。それを見かねた次郎長がぽんと金子を貸し与え、久六の窮地を救ったのだった。

この出来事、この場面は私が鉛筆をなめて中途半端に書くより、若干の脚色は承知の上で、広沢虎造の『清水次郎長伝』を借りた方が面白そうだ。

場は、次郎長の女房お蝶の焼香場。居並ぶ貸元衆に森の石松が「久六とはこんな悪いヤツ」と説明するくだりの中から次郎長と久六の出会いの一コマ。虎造節を真似、節をつけてお読みください。

「……藤枝長楽寺清兵ェ貸元さんの家で花会があったとき……そこへ久六、その八尾ヶ嶽宗七が来やがってね、よしゃいいンだ、人から預かった二百両、手を出したら下がり目だ、ペロリッと取られて、青くなって帰ろうとした時に、隣にいたのが手前親分、次郎長。関取待ちねぇ、馬鹿な話をするようだが、商売にしている俺っちが、博奕を打って勝つというのは十日に一遍あるかなし、天下のお相撲さんが博奕を打って勝とうとしたのは、てっぺんからのあやまり、博奕はよしなよ、相撲をやめたら堅気になンな、お前さんの顔色が変わっている、余ッ程大事な金なンでしょう、わっしゃお陰で、きょうはうンと芽をもっているから、お前さんが取られた二百両は返してやる、ものは言うべし酒は買うべしぐれぇなことは知っておりやす。別に意見料、さァ三百両、持ってきな、博奕を打ちなさんなよ。『へぇ有難う存じます。これに懲りて生涯博奕は打ちません、厚かましいがお金はいただきます』と三百両もらって下がった奴が、どうです皆さん、親分の親切を無にしやがったばかりでなく……」

と、久六の悪事を縷々語り続ける石松――。

人情股旅物、掛け声の一つも出ようかという名調子。次郎長と久六の出会いの場面はこんなところ。

ただ、はっきりしておかねばならないのは、この時の八尾ヶ嶽宗七はただの相撲取りではなく博奕も打つ渡世人でもあり、久六は次郎長の存在ぐらいは知っていたと見るのが自然だろう。この後の久六の次郎長に対する横着なまでの接し方からみて、博奕で負けた久六が次郎長に擦り寄って金を無心したのだろうと私は睨んでいる。

「昨今売り出しの清水の次郎長親分とお見受けします。手前、八尾ヶ嶽宗七と申す相撲取りです。相撲興行の傍ら、縁を頼りに各地の親分衆にお世話になっております渡世人でもござんす。」

てな調子で、博奕に負け、大事な化粧回しを質から出さねば土俵に上がれないと懇願。

侠気に駆られた次郎長は手持ちの三十両をポンと投げ出した。ところが、それは今夜にも必要な訳ありの三十両だった。

その日まもなく次郎長は佐源次の子分、秀五郎、竹五郎、松次郎、由太郎の四人を相手の喧嘩になっている。『東海遊侠伝』にもこの四人名前がしっかりと記されているところから、四人は次郎長が顔も名前も知っている相手。次郎長が草鞋を脱いでいた家が佐源次のところとするなら、同じ釜の飯を食っている仲間同士。まさか、賭場で多少勝ったところでその金を返せと来るわけもなかろうから、次郎長の言わなかった何かの訳がその三十両にあったとみる。

しかしながら、その訳より次郎長は久六をとった。

四人を叩きのめした次郎長は久六を連れて伊勢に向かっている。久六とはこれを機に急速に親しくなっていたということだ。

だが、四人との喧嘩に久六が加わった記述はない。三十両を懐に久六は木立の陰に隠れていたとすれば面白い。

その後、久六は博徒の看板をあげ「保下田の久六」（この保下田については後に注釈）と名乗る。爾来、甲州の大物侠客、江戸屋虎五郎や伊豆の大物侠客、大場の久八を後ろ盾に、常滑の中野兵太郎、大阪・水浅黄の忠吉、伊豆・赤鬼の金平、焼津・甲州屋の長吉らと兄弟分となり、博徒として頭角を現わすのである。

そうなる前の久六は、正式な兄弟分でもない次郎長に喧嘩の加勢を頼んだり、金を貰ったり、数々の世話になっている。

嘉永三年（一八五〇年）一ノ宮の久左衛門と諍いをした久六は、喧嘩に負け、次郎長のところに十数人で転がり込んで来ている。次郎長は彼らを厚くもてなし、更に上州館林の虎五郎のところに添え状を持たせ送り出している。その添え状が博徒久六の誕生にひと役買う結果になっている。

単に「添え状」と書いても、われわれ素人には大したことと感じないが、侠客の世界ではかなりの厚遇。再び田村栄太郎著を参考にすれば、

「添え状」を持たせることはそう多くなく、「添え状」を持ってきた旅人は手厚い待遇を受けるばかりでなく、

「普通は銀二分の草鞋銭が五両から十両。場合によっては盆の取り持ちをさせる」とあるから別格の扱い。十両といえば、十両盗むと死罪といわれた金額。半端じゃない。まして「盆の取り持ち」というのは博徒一家の信用を貸すのだからこれも大層なもの。そんな添え状だから、貸元間の義理も発生するだろうし、そう軽々に書けたものではなかったはずだ。

正式な兄弟分でもなく子分でもない久六を、なぜ次郎長はそこまで面倒をみたのか。それは、義侠・次郎長の男意気であったと思う。田村氏は「上州路は仁義作法が特に厳しく、初旅のものは上州を抜いて通るほど」と言う。むろん旅人にばかりでなく内輪の礼儀作法にも厳しいのが上州博徒。次郎長はその辺りを分かっていて、行儀の悪い久六が少しでも仁義を学ぶように上州に向かわせたのではないだろうか。次郎長の篤い友情だったと思えてならない。

久六はその添え状をフルに利用。上州の大貸元の知遇を得て、「久六一家」の看板をあげたのだから、利にさとい、目端の利いた男だったのだ。ただの相撲取りではこうはいかぬ。

ともあれ、次郎長と久六が付き合った十二、三年。ほとんど一方的に次郎長が面倒をみていたことは事実だろう。

三、久六の評判

実は、本稿を書き進めながら、少しでも久六の「良い面の人となり」を得ようと努力した。それは伝聞される久六があまりにも完璧なワルで、かえってリアルさに欠けると感じたからだ。一時、久六の数々の行状は、広沢虎造が調子に乗り過ぎて唸り出した架空のもの、と疑ったほどである。しかし久六の実在は確信できたし、少なくとも亀崎、乙川界隈で良い話は皆無であった。

私はどうも勧善懲悪の思想を好きにはなれない。それは即ち、強者の論理に擦り寄ったものが多すぎるからだ。映画やテレビの勧善懲悪劇は夢中になって観るが、どこかで悪者をかばって観ている。まして歴史上でのそれは、どれも疑っている。

ライターという仕事柄、私は数々の方の人生や偉業を原稿にして来た。自分で言っちゃおしまいだが、注文主の都合の悪い事は書いたことがない。天田五郎が次郎長の不都合な面を少しも書いていないのも同じだ。だから天田は久六の良い面を伏せてしまったと睨んだりもした。

私は「忠臣蔵」が好き。だが、そこで完膚なきまで悪人に仕立てられた吉良上野介が実は名君で、善玉、浅野内匠頭が暴君だったという裏面史の方がもっと好きだ。だから、「久六は実は任侠道にも優れたいっぱしの男だったが、次郎長と些細なことから喧嘩となり……」と書きたかった。久六と上野介をダブらせたのである。だから調べた。

しかし、久六の軌跡はその死後、見事に消えてしまっている。彼に女房もいたであろう、年齢からして子供はあって当然だ。身内、子分は確かにいた。しかしその記録を随分と探したが、ない。墓もない。

想像するに、「悪玉・久六」の末裔、子分筋と言われるのを恐れた関係者が一斉に口をつぐんでしまったのだろう。

久六について調べている過程で、思いもよらぬ情報をいくつか得た。

それは久六が、今の半田市の亀崎、乙川の近在に住むワルで徹底的に嫌われていた男だという話である。従来、久六は名古屋に住み、亀崎などへは興行などに来たというのが通説であるが、もしや久六の現住所は亀崎にあったではないか、とも思われたのだ。

半田市乙川の光照寺でのこと。

同寺は『次郎長地蔵』のある次郎長縁の寺で、知多四国八十八寺の十八番札所の名刹。この地蔵尊については後で述べるが、この寺からは数々の次郎長伝説、久六伝説が生まれている。

光照寺の西川住職は「伝聞だから疑わしいところも随分あるがね」と言いつつ出してきた『次郎長地蔵尊の略縁起』は、代々言い伝えられてきた事を何代か前の住職が書面にしたものと言う。昭和三十七年再版とあった。

その一文。

「穂北の久六は次郎長と親交の同僚なりしも各所にて不義、忘恩、暴力の行為多く常に次郎長より戒告されしを却って逆怨をなし更に次郎長の名声をねたみ次郎長をことごとくに上司へ中傷、窮地に陥れるべくあらゆる悪計、賤謀をめぐらし殊に罪なき長兵衛を暗殺する等凶暴を極む」。

まぁ何とも過激。まして書き手が僧侶だったことを加味すれば、久六、お坊さんにも怨まれるほどのワルだったようだ。

その部分より私は、この『略縁起』の最終行の追録に注目した。

文は、「次郎長に懲らしめられた久六は子分とともに乙川の庄屋杉浦善次郎に訴えでし処、却って庄屋より懇切な説諭を受け自己の罪悪をざんげし遂に倒る」とある。

ここから読めるのは、久六は（次郎長が言うように）葭野畷で即死していないこと。また、久六と乙川の庄屋は前々よりの顔見知りで、久六の良からぬ素行を知っていたから「懇切な説諭」をしたとうかがえることだ。だって、斬られたほうが訴え出て来たのだから、もし久六と庄屋が初対面であり、また、ワルだと知らないならば、説教なんかするはずがない。加害者である次郎長を逮捕するための事情聴取をするはずだ。

その時の庄屋、杉浦善次郎氏の末裔、杉浦格一さんにお会いできた。謹厳実直という言葉がぴったりの紳士。慎重な言いまわしの中にも毅然とした面を垣間見せる。

当時の庄屋は、村長兼警察署長兼税務署長兼…という職責。村を行政的にも司法的にもまとめていたのだから、現代人では想像がつきにくい立場だ。格一氏には、その庄屋の雰囲気を確かに感じ取れる。風貌も、その頭にちょんまげをのせれば庄屋さんそのものだ、と思った。曽祖父の善次郎さんもこんな方であったのだろう。

おっと筆がすべってしまったが、杉浦格一氏のお話を軸に「久六の最期」を後の章で書く。

関連しては、半田市立亀崎図書館の喫煙コーナー。目当ての郷土資料もなく、ぼんやりとタバコを吸っていると隣に八十歳になったというご老人。世間話のように「久六」を聞くと、「穂北村の久六は、亀崎を縄張りにしていた悪い奴」と言う。「亀崎を縄張りにしていたとは、誰に聞きました」と訊ねると「親が言っていたよ。誰でも知っている」。「穂北とあなたは言ったが、穂北とはどこか知っている?」には「亀崎高根町あたりだ」と明快。私は慌てて名刺を出し、もっと話を聞かせてほしいと言ったが、この名刺がいけなかった。世間話ならするが取材は嫌だ、と火を点けたばかりの二本目のタバコを吸殻入れにポイと放り込んで行ってしまった。

図書館に駆け込み、亀崎高根町近辺の旧名を調べたが「穂北」はなかった。

後日、立松宏氏（元半田市立博物館館長・考古学者）の未完の遺稿のなかに、大坪幸栄さん（当時九十二歳＝故人・乙川浜側町）への取材資料があり、そのなかに「今の亀崎高根町あたりに穂北村からの親戚になる一族が住んでいて（＊原文のまま）」そこへ久六が「借金に来た（来る）」との記述を見つけた。大坪さんの祖父は軍人で、その時久六の傷の手当てをしたとまで供述しているので、まんざらの風聞ではあるまい。

亀崎高根町と穂北村と久六は、どこかで結びつきそうだ。それに久六は乙川、亀崎によく出没していたことは間違いなさそうだ。

四、講談師の張り扇が叩き出した「保下田」

ところで、保下田の久六の「保下田」又は「穂北」が分からない。当時の博徒の慣習から「ほげた」は自分の出身地又は縄張りである地名とみるのが妥当だろうが、現代の地図、事典。江戸時代末期の地図、事典を文字通りシラミ潰しに指でなぞりながら見るがない。地名まで誰かが隠したわけではなかろうが、お手上げである。

もっとも「穂北」という地名は宮崎県西都市に現存するが、これは地理的にみて論外だろう。また、穂高岳の北側を山岳家の間で「穂北」と呼ぶらしいが、そこは人間どころか猿も棲めない厳寒の地。博奕打ちが縄張りにする道理もない。論外。

可能性があるとすれば二つ。名古屋の堀田（ほりた、又は、ほった）が訛っての「ほげた」。これなら地理的に符合する。ただ、当時から堀田は知られた地名。わざわざ「ほげた」と読み訛る理由が考えつかぬ。

もう一つは、群馬県群馬町に「保渡田（ほどた）」がある。

久六は、八尾ヶ嶽宗七の時、次郎長の紹介で上州の虎五郎の許に行っている。その時から「久六」と名乗り、正式？　に博徒になった。もし虎五郎が杯を渡し、「保渡田」のシマ（縄張り）を渡したとするならつじつまが合うが、そうであれば半年もせぬうちに東海地方に戻って来たのは不思議が過ぎる。もし、半年でシマを取り上げられるほどの下手を打ったのなら、多少の伝聞も残るだろうし、久六自身もそんな冠名は捨てるはず。これは消すほかあるまい。

不思議と言えば、知多半島から出た資料のほとんどは「穂北」の久六、である。なかには「尾州・穂北村の久六」「伊勢・穂北村の久六」と言い切っている文書もある。本当かよ、と言いたくなる。

全国的には「保下田」と呼ばれる方が多いが、これは後世の映画などの影響と思えば、知多半島の「穂北」に捨てきれぬ未練が残る。

視点を変えて、「ほげた」が地名でなくニックネームともみれる。「ドモ安」とか「チビ八」とかいうあれである。

ヤクザ言葉に「ほげてる」という言い回しがある。「三と六でほげてる」＝「次のサイコロの目は三と六が見え見えだ」という使い方をする。よい意味ではあまり使わない。隠してもバレバレだ、という語意の方が強い。どこか久六の雰囲気がある。この言葉は九州地方では日常的に使うとも聞いた。

大阪・南河内方面では、「ホゲタこくな」＝「言い訳をするな」と言う。久六はホゲタばかりこいていたから、ホゲタの久六？ これは出来の悪い漫談レベルだろう。

そうこう「ほげた」で悩んでいたある日、私の友人が「おい、ホゲタが分かったぞ」と言いに来てくれた。

「相撲の世界で、テッポウ柱がホゲるほど稽古しろ、テッポウ柱がホゲタというらしい。久六は相撲取りだったんだろう、大いに関係ありじゃないか」。

早速、大相撲の関係者に聞くと「そう言いますよ。テッポウ柱に穴が開くほど、強く、何度も打てを、ホゲるまでやれ、と言います」。

そういえば、テッポウ柱の手の当たる辺りは木がへっ込んでホゲている。

このホゲタを久六と結びつけるとすれば、相撲取りだった久六の口癖が、「ホゲルまでやる」、「(今日は)ホゲタぞ」だった。それを面白がった周囲が、いつしか「ホゲタの久六」と呼ぶようになった、である。

大いに可能性ありだ。案外、この辺りが正解かもしれない。

ただ、声を大きくして言いたいのは、「保下田」あるいは「穂北」という文字は、『東海遊侠伝』には登場しない。一文字もない。したがって清水次郎長は「保下田の久六」とは呼んでいないのだ。

この「保下田」こそ、のちに講談師が、張り扇で叩き出した名前。

私は最終的にこれを支持する。

ついでに言うと、「久六」の名は単純明快だ。

相撲取り・八尾ヶ嶽宗七がプロの博徒になる時、たまたま大場の久八という大物博徒に出会った。場所は上州、江戸屋虎五郎の周辺だろう。前述の次郎長の紹介で行った折りだ。

大場の久八は『高市』(たかまち＝縁日などで年に何回か、お上黙認の賭場を開催できる場所。東海道では小金井一家、安東文吉一家など二十数一家だけ)を預かるほどの大親分である。要領のいい宗七は猫撫で声で、「大場の親分、子分にしてください。親分の久の一字をください。親分が八、わたしは三歩下がって六、久六と名乗らせてください」と擦り寄ったのだろう。次郎長が何度も騙させているあの声でだ。

久八親分、「まぁいいだろう」とアウトローの単純さで承諾。その後、さんざん久六に名を利用されたことだろう。

もとより資料の乏しいアウトロー。かなりの大親分でも名前しか残っていない例も多い。久六程度ではしょうがないかと思ってもみている。

それにしても久六に関する資料の消え方は異常に思える。誰かが意識して抹消したとしか思えない。まったくなにもない。まったくである。

過日、半田市立博物館館長の山田晃さんに、何かネタはないかとねだりに行った。博物館にアウトローの資料なんかあるはずがないのだが、山田館長が「(権力に都合の悪い)アウトローの資料は意識的に残さないことはあるはず。確かなのは国定忠治。忠治の資料は当時の権力が抹消したと聞いた。」と言ってくれたのが収穫だった。

そんなわけもあり、残念ながら今回の久六には贔屓のしようがない。

久六は任侠史上まれに見るワルである。と、軽率ながら言っておかねば仕方ない。

V. 決闘。

乙川葭野暇

一、次郎長、鳴海の宿に潜伏

旅の商人を装った次郎長、大政、石松、八五郎の四人は名古屋城下を避け、熱田神宮を抜け、鳴海村に着く。そこで町宿をとり鶴吉の情報を待っていた。同じ所に長居もできないので、時々は隣村の有松にも宿を替える。

鳴海村は東海道の宿場町。常滑街道、半田街道の起点で交通の要所。久六が名古屋から兄弟、知人の多い知多半島へ向かうときは必ず通る土地だ。鳴海絞りの産地である。有松村も同様な立地で知多木綿の集積所。ともに他所の者や旅人には慣れている土地であるし、名古屋へも知多半島へもひとっ走りの地理もいい。

次郎長一行が潜伏し逗留できて、素早い行動をとれる場所はここが一番と考える。

さらに、この場所の有力さを支持できるのは、三河に近い点だ。『尾張徇行記』を参

考にすれば、

「鳴海から（湊のある）緒川まで三里。そこから三州・刈谷まで海里十八町、三州・西尾まで海里四里」で「百姓自分賃舟」がある。

「百姓自分賃舟」とは字面通り民間チャーターが可能な舟。次郎長も三州・西尾から尾張への往復に度々使っている舟だ。これなら彼らの足で二、三時間もあれば国境を越えられる。事が成ろうが成るまいが、まず向かう先は三州は寺津の間之助のところ。ヒットアンドウエイには最適の場所である。

『東海遊侠伝』の「長五等四人密かに名古屋に至り」の「名古屋」は、鳴海村界隈を指すと断言したい。


久六を討つ場所は鳴海界隈と次郎長は考えていた。

万一、久六が名古屋城下で隙を見せても、それは見逃す手筈になっている。御三家筆頭尾張様のお膝元での刃傷沙汰は次郎長に有利には働かないからである。ここでも甲州天領での手痛い学習が生きていた。

大野の鶴吉は名古屋一帯で懸命に久六の居所を探すが見つからない。

名古屋に久六の住み家は確かにあるが、久六と主な子分の居る様子はない。近所でそれとなく聞き込むが誰も知らない。それならと鶴吉は、久六が常滑の兵太郎の後ろ盾を貰って縄張りにしている半田、亀崎辺りを探ることにした。

鶴吉は前述のように常滑は大野の出。どんな経緯で次郎長の子分になったのかは定かでないが次郎長一家の幹部である。こんな斥候まがいの役目を負うくらいだから小物、と思うむきもあろうが、なかなかの大物。剣の腕もたったようだし、大政の弟分だったのかもしれない。それに鶴吉はその後、荒神山の前哨戦でも、先乗りの密偵役をしている。そんな才能を持ち合わせた鶴吉だったのだろう。

〇

ついでに言うが、清水二十八人衆というのは、のちのち講談師か脚本家が作りあげたもの。本家、分家を合わせれば子分の数はそんなものではない。博徒の身分階級は、親分、子分、孫分。それに兄弟分、叔父分、隠居とあり、それを総じて身内や一家と呼んだのだから、子分の兄弟、その子分の…といけば倍々ゲームのように身内は増える。本稿で度々使う「侠客ネットワークの力」はこの組織に支えられている。一家といわれるものが五つ六つ提携すれば、人数にして千をゆうに超える人数の組織ができるわけだ。

鳴海の宿で次郎長らに会った鶴吉は状況を報告。その足で緒川村から亀崎村に入った。美しい湊町だ。

「二千余軒からなる漁村がありて繁盛富饒の地。豪家も少なからず…」と、『尾張知多名所図会（天保十五年刊）』にあるが、そのとおりの豊かな町を鶴吉は見ただろう。

「賭場は繁盛だろうな」は渡世人・鶴吉の考えそうなこと。博奕は湊町が一番だ。

「海に浜する土地を領するものは、富隆を致すこと極めて易し。然るに漁士と云う者は、其の人となり甚だ放埒なる者にして、酒を嗜み博奕を楽しみ（略）金銭を費する事、塵埃の如し。」を他著で拾った。笑っちゃうぐらい漁師を馬鹿にしているが、どこか当たっている。湊町を縄張りにする博徒はみんな大きくなっている。

「久六は、この旨味のある土地を半年として離れることはない」。鶴吉の博徒としての感性である。賭場を開いている場所を見つければ久六に会える。鶴吉は鼻をぴくぴくさせながら亀崎界隈を歩き回った。そこらの小博奕を打つ連中の家に偽名を使って入り込めばすぐに分かることだが、万一を考えればそうもいかない。また、その方法は大政から禁じられている。隠密第一なのだ。

鶴吉は意識して地の言葉を使い、町の人から情報を得ようとしていた。

「あのなも」と大野弁で話しかけ、積極的に地元の言葉を使う。お国訛りは通行手形とはよく言ったもので、世間話の相手ぐらいにはすぐなってくれる。もとより開放的な湊町の人たち、いたって饒舌である。ところが、当たり障りのない話から久六に話題を振ると、一転して眉をひそめて黙ってしまう。

「久六親分って、案外、評判が悪いがやね」などと踏み込むと、一様に返事もしない。触らぬ神にたたりなしの雰囲気だ。久六の評判は思う以上に悪いようだ。

そんな時、「兄イ、兄イ」と舌足らずの声。振り向けば小太りの男。

「ドン助じゃないか」。

ドン助は、鶴吉がプロの博徒になる前、いわゆる土地のチンピラだった頃の仲間。

少々お頭が弱いのが欠点で、今もぶらぶらしているらしい。

「兄イ、兄イ」とついて離れない。「お前と遊んでる暇はない」と手で払うがドン助はついて来る。「しょうがないやつだな」と言いながら「ドン助、おめえ、久六を見ちゃいないか」と聞くと「知ってるよ」。

「なんで早く言わないんだ!」とポカリと鶴吉に頭を叩かれてドン助は泣きっ面。

聞けば、明日から亀崎の海潮院で相撲興行。久六は興行主で数日前から亀崎にいるとのこと。

鶴吉は海潮院に走った。

海潮院の門前に張り紙。相撲興行の案内である。

『蒙　御免　大相撲勧進興行亀崎場所　場所・海潮院』

亀崎場所は三日興行、明日は初日。鶴吉は境内をそっと覗いた。

江戸末期の大相撲は、江戸相撲、大阪相撲、京相撲の三つの組織から成り立っていた。

「一年を十日で暮らすいい男」の古川柳が物語るように、本場所は年に一度で十日場所(但し、数年毎に規則が変わっているようで、年に二、三回の本場所の記録もあるし、日数も九日だったり十一日だったりしているようだ)。

本場所以外の力士の仕事は「勧進相撲」。分かりやすく言えば、スポンサー付地方興行である。江戸中期は大名お抱えの力士が中心で、場所や興行は大名の意向が働いていたが、この頃は民間が主流。そして特筆すべきは相撲部屋の親方、年寄りに力士OBに混じり侠客の名も少なからずあった点だ。違法な賭博ばかりでなく合法な興行を資金源にし始めたのはこの頃からだろうか。

また、興行は寺社の修復や改修を記念して行われることが多く、地方の有力な寺社は積極的に「勧進相撲」を誘致、資金集めをしていたようだ。『半田町史』に「相撲興行の行われる時は、その場所から十里四方での芝居などの興行はさせなかった」とあるから、官も「勧進相撲」を応援していた様子がわかる。

力士OBで侠客で十手持ちの久六にとって、相撲興行は勝手知ったる格好の稼ぎどころであったろう。

○

明日の準備で忙しそうに働く人の中に、一見、それらしき男たちを発見。そっと近寄ってみる。恰幅の良い男たちが七、八人。その中心にいるのが久六らしい。

鶴吉はさらに近寄った。鶴吉は過去二度、久六に会っている。

いた！　久六である。

鶴吉は思わず懐の匕首を探った。

いけねぇ、いけねぇ。鶴吉はその場をそっと離れた。


相撲の興行は明日から三日間。場所中は取り巻きも多い。素人衆もいる。役人もうろうろだ。やるなら興行が終わったあと。四日後の久六はどっちへ向かうんだ。とりあえず親分に知らせなきゃ。

興奮と混乱の鶴吉であった。

久六から目を離さず、次郎長にこの状況を伝えるには使いを走らすしかない。手紙を書けばいいものだが、あいにく鶴吉は字が書けない。人に頼めば内容が漏れる。ここはドン助を走らす以外にないと、鶴吉はドン助に、

「いいか。鳴海の宿に扇屋という旅籠がある。そこに行って、政五郎さんをたずねるんだ。そして、この手拭を政五郎さんに渡しな。そしたら銀一分くれる」

「銀一分くれる？」

「そうだ、そうして明日から亀崎で三日間相撲がありますから見に来てください。そう言うんだ。分かったか。いっぺん言うてみろ！」と、ドン助に何度も復唱させて鶴吉は、「よし！」とドン助の尻をポンと叩いた。

「二分だ、一分だ」と言ったかどうか分からないが、ドン助、ボールを追う犬のように鳴海に駆けて行った。

持たせた手拭は旅の博徒の必需品。一家の者なら誰の持ち物か特定できる品物である。

ドン助は鳴海の扇屋に駆け込み、首尾よく政五郎すなわち大政に会えた。

「これ、」とドン助は手拭を差し出し「銀一分ください」。

大政は一見して鶴吉の手拭と分かる。

「わかった。銀一分どころか二分やろう。もっとよく話を聞かせてくれ」と事情を聞き出した。

次郎長たちは急遽、鳩首を集めて作戦会議。まず八五郎に策を授けて先発させた。
八五郎は、ドン助の案内で亀崎に向かっていった。

二、乙川に入った次郎長

一日おいて、次郎長、大政、石松の三人は、鳴海の宿を後にした。時は安政六年六月十八日である。

四人は、まなじりを立て、東浦街道を行く。今の半田街道である。夏の日差しが厳しいころであった。

大府村・北崎の集落を過ぎると『右ぜんご道、左をけば　なごや道』の道標。「ぜんご」は豊明市前後町、「をけば」は桶狭間のこと。道標を背に見て、道は森岡に入り緒川に差しかかる。

行く手の左側は衣ヶ浦につながる境川。多くの舟が行き来している。対岸は三州・三河。口にこそ出さぬが「事を成しとげ、三州から駿河、清水に帰るぞ」と三人が三人とも思っていた。

緒川を過ぎ藤江に入った時、大政が「親分、これを御覧なさい」と常夜灯を指差した。

「何でぇ、常夜灯じゃないか」と次郎長。

「ここに金毘羅大権現と刻まれています」。

「おおっ、そうだそうだ、こんな字だ」。次郎長は漢字が読めない。でも何回も見た「金毘羅」の文字は何となく判読できたのだろう。常夜灯に刻まれる文字を指して、

「金毘羅さんだ、金毘羅さんだ！」と感激の面持ち。

次郎長の金毘羅信仰は船乗りだった実父からのもの。「勝負の前に縁起がいいじゃないか。なあ大政、なあ石松」と、はしゃぎ気味の次郎長であった。


右は乙川、左は亀崎の分かれ道。一同は亀崎を睨むように乙川に入る。

「風姿を変えましょうか」と石松。

「まだ早い」と大政。

三人の服装はどこにでもいそうな町人の旅姿。それぞれの長脇差は一束にくくって藁

を巻きつけ、石松が担いだり抱えたりの道中。目立たぬように目立たぬようにの按配で、とても街道一の親分一行には見えない。

石松には、それが不満で、そろそろ長脇差を差し、喧嘩支度をしようと言っているのだ。

一行は左右に大きな雨池を見ながら乙川村に入った。人口六千の農村である。当時は半田村、亀崎村を入口では超える知多半島有数の大きな村。庚申塚を過ぎると本郷。集落の中心部となる。右手に小高い丘が見えた。樹木の少ない丘に神社が見える。

「一旦、あれに参りましょう。ここら一帯が見えるはずです」と大政が言い、次郎長が頷いた。

街道筋を西ノ宮池へ曲がり、ほんの少し行くと津嶋神社、その裏手を登ると乙川はおろか、東に亀崎村、南に半田村一帯が一望できる丘であった。

「おおっ！」と次郎長が声をあげた。大政が駆け寄った。目の前にまだ新しい金毘羅神社の祠があった。

何ということだ。丘の上に金毘羅さんが…。

三人は小さな鳥居の前の石の手水で口と手を清め、着物の埃を払うと祠に向かい整列した。先頭に次郎長。その後ろに大政と石松。次郎長が小判を一枚取り出し、賽銭箱に投げ込む。リンという音がした。

三人の柏手の音が小気味よく揃い、辺りに響いた。

久六の来るのは明日の午後。彼らはここで一夜を明かすことにした。

同じ頃、亀崎の海潮院では相撲興行の千秋楽。結びの一番も終え、やぐら太鼓の乾いた音が湊町一帯に鳴り渡っていた。

千秋楽の夜は、興行主や親方、力士が集まり宴席があるのが常。久六も宴に出席のため、寺院の一間に控えていた。

渡世人姿に身を変えた八五郎は、久六の身内に貫禄十分な仁義を切り、常滑からの伝言を持ってきたと告げると、久六の所へと案内された。

久六と八五郎は面識がない。

「久六親分とお見受け申します。わたくし遠州は……」と本当半分、嘘半分の仁義を

言うと、
昨夜まで常滑に草鞋を脱いでいた。明日夜、大野湊で花会がある。内々のことでおおやけにはしていないが、久六親分の耳に入れてほしいと言付かってきた。

との旨を久六に告げた。

八五郎の言い回しは、常滑の兵太郎や代貸しの名はあえて言わず、博奕場の内容も告げないもの。後々、常滑一家の名を騙ったと言わせないよう言葉を選んだものであったのだが、それがかえって久六には「おいしい賭場の誘い」と映ったようだ。

「七つ半頃に大野村の入り口あたりにお迎えがあるようで」との八五郎の言葉にうんうんと頷く久六。七つ半は今の五時頃、興行明けの挨拶を昼前に済ませて行けば丁度いい時刻。懐も温かいし、いい塩梅だ、と思ったろう。

待っているのが誰だかも知らずに。

三、久六を斬る

明けて六月十九日。よく晴れた朝だ。

次郎長は手をかざして丘から亀崎方面を見ていた。亀崎村は見えないものの、そこから乙川に向かってくる街道は十分に望める。

実はこの丘、明治二十三年三月に帝国陸海軍連合の初の大演習が半田、乙川、武豊一帯で行われた際、明治天皇が演習を統監するため、一帯を一望できる場所として選んだのがここ「乙川白山」である。

その時も木々は低く、眺望にまったく支障がなかったとの記録がある。次郎長一行がここに来たのはその三十年前。「乙川白山」は全くのはげ山。街道を見張るには絶好の場所であった。

久六が乙川を通る時刻の見当はついている。亀崎から乙川までは一時間弱。ここから大野までは三時間足らず。五時に大野を目指すなら、ここは二時。しかし万一もある。彼らは交代で亀崎からの道を丘の上から見張った。

次郎長と大政は葭野畷を下見に行った。

白山から真っ直ぐ田畑を通り抜ければ、途中に三昧（墓地）があるだけで人家もない。その間、六町ほど、五、六百米位だ。突っ走ればすぐの距離。葭野畷は葦が伸び放題。次郎長どころか六尺を超える大政の頭も隠してしまう。

昼過ぎである。亀崎からの八五郎が合流。久六はこちらの思惑通り、興行明けの挨拶を済ませ、こちらに向かう様子とのこと。

「よし！」次郎長は喧嘩支度を始めることとした。

裏道を選び四人は、乙川本郷の西のはずれ、なごや道、かめざき道の分岐点に来た。今の乙川駅前の交差点のやや東にあたるところ。

道端に小さな地蔵尊があった。

次郎長は地蔵に手を合わすと、持っていた振り分け荷物と旅合羽を地蔵の祠の裏に置く。三人もそれにならった。

帰りの逃走路はこの道。その下見を兼ねた行動だ。この道を亀崎湊まで突っ走れば、鶴吉が舟を用意して待っている手筈である。

八五郎を白山の見張りに出し、次郎長らは葭野畷、英比川の堤に行く。三人は下帯、角帯を締めなおし、たすき掛け。次郎長がどっかりと腰を下ろしたところは立派な五本の松の下。三河湾からの風が一陣、松に吹いた。

次郎長の坐る五本松から、葦の荒れ野を貫いて来る街道が正面に見える。右を向けば英比川を渡る橋が。橋は幅四尺の仮橋、見返り橋。時々街道を人が往来する。その度、次郎長たちは松の陰に身を寄せたり、河原に下りたりして通行人をやり過ごした。

白山から八五郎が転げるように走って来た。

「野郎、来ましたゼ!」。

うん、と頷き次郎長は羽織を脱ぐ。紺のたすきの結び目がゆれる。手拭を水に濡らすと鉢巻に。

大政は首の骨をコキコキと鳴らし、エイッとばかりに刀を抜くと、ビューンと一振り。

四人の顔に血が逆流するのが見えた。

「八五郎、奴はどの辺りだ」と次郎長。

「乙川村に入ったところでしょう」

「人数は分かるか」

「七人と見ました」

「よし、行くぞ！」

次郎長は小走りに道を走ると葦の荒れ野の中に飛び込んだ。ざーっという音と共に次郎長の姿は葦に消えた。

大政は次郎長と道を挟んだ向かい側に。八五郎は大政に従う。石松は大きく離れて葦の中。久六一味の後ろに回り込み、退路を断つ役だ。

来たっ！

角を曲がった久六一味七人は、真っ直ぐ伸びた道の真ん中を一列に歩いて来る。

角からこちらに向かって田圃が五枚。ちょうど実り始めた稲の穂が青々と揺れている。

それから一気に葦の原である。

先頭は確かに久六。道幅は一間、一メートル八十センチ。切っ先が届く距離だ。

久六が田圃と葦の原の境目に達したとき、まさに次郎長が飛び出した。

「久六！　覚悟しやがれ！」

次郎長の刀が真っ直ぐ久六に突進する。

突き！。

久六、とっさに身をよじる。刀は久六の右腕に突き刺さった。次郎長、刺さった刀を引き抜くと、今度は大上段から斬りかかる。久六の右腕がぶらりと下がった。

子分たちはその様子に刀も抜かず一目散に逃げる。

久六も逃げる。

石松は逃げ手の前に仁王立ち、久六に、子分にと斬りつけるがどれも空振り。必死に逃げ回る相手になかなか刀は届かない。

逃げる久六の肩口に次郎長の刀が一閃。ピューと血が噴き出す。しかし浅手。

走る久六は村の中に逃げる。逃げて久六は、庄屋の屋敷に文字通り転がり込んだ。

門から走って七、八歩、母屋の入口にたどり着いた久六の前に、庄屋・杉浦善次郎が立ちはだかった。

善次郎は何も言わず静かに両手を広げる。母屋には入れぬ。拒否の姿勢である。

小柄な善次郎であるが、辺りを払うような迫力が体から滲み出ていた。

それを見て久六、土間の柱に力なくしがみつき膝をついた。

庄屋の若い衆が五、六人、棍棒を持って久六を取り囲む。久六の血がどっぺりと柱に染みついた。

屋敷の門前で次郎長は大声をあげた。

「てめぇ久六！　どこまで卑怯なんだ。こっちへ出てきやがれ！　はらわたまで刻みあげてやる！」。

まさしく次郎長の獅子吼であった。

騒ぎを聞き、村役人が来る。次郎長は三人とともに一旦その場を離れた。

庄屋屋敷から光照寺の門前を抜け、先の地蔵尊に出る。その傍に小川が流れていた。

次郎長は小川で久六の返り血で汚れた手足を洗い、そして血に染まった刀を洗う。

久六の血がべっとりと刃にある。小川に刀を浸け、手拭でぬぐうと、どす黒い血が噴き出すように流れ出した。

しばらくの間、小川は血の色であった。


次郎長ら四人を取り囲むように村役人が十人ばかり。

その後ろに村人が二、三十人。

「厄介なことになったな」と次郎長。ここで村役人や村の衆を斬る気はない。刀を振り回して逃げようぜ、と大政に耳打ちをすると、大政、「親分、ちいと様子が変ですぜ」。

役人たちは次郎長らに向かってくる様子がないのだ。槍やさすまたの捕り物道具を持ってはいるが、とんと動こうともしない。いわゆる殺気がない。

少々気味が悪いが次郎長は動くこととした。

荷物をまとめ、ゆっくりと街道を歩き出す。石松と八五郎はしんがりで刀の柄から手を離さず後ろ向きで歩く。

次郎長らから、十間ほど間をおいて村役人も歩き出した。

四人が歩く、村役人が歩く。

四人が止まる。村役人も止まる。

十間、二十米ほどの間隔は広がりもせず、狭まりもせず。

村役人たちは声すら出さず次郎長たちの後を行く。それを遠巻きに見る乙川の村人たち。「ダルマさんがころんだ〜」ではないが、それに似た様子がしばらく続く。

その奇妙な一団が新居《あらい》の集落を過ぎようとしたとき、「一服、点けよう」、次郎長は路端の石に腰を掛けると煙草を吸い始めた。

役人たちも道端に腰をおろし、次郎長一行を黙って見ている。なかには煙草に火を点けるものもいる。

妙な捕り物である。

蝉の声だけが辺りに激しく降っていた。

その時、乙川村から一人の男が走って来て、役人の上役らしい男に何かを告げた。

それを見た次郎長は大きく声を発した。

「お役人さまにお伺いいたします。只今のお使いの方のお知らせは、もしや久六の安否ではございませんか」。

役人は応えた。

「いかにも」。

「再び、お役人さまにお伺いいたします。久六の奴はいかがなりましたでしょうか」。

役人はおもむろに、

「死にもうした」と声を張り上げた。

次郎長の顔に安堵の色がさした。

「大変ご面倒をおかけいたしました。久六が地獄に落ちたと聞けば、何の心残りもございません。私たちは失礼させていただきます。ただひとつお願いがございます。ここに些少ばかりを置いて参りますので、先ほどのお地蔵さんにお供えください」と次郎長は縞の財布を路端の石の上に置いた。

そこから五十歩も歩けば亀崎村。隣村である。村役人たちは、次郎長一行が村境を越えるのを見届けると帰っていった。

七つ半、ちょうど五時ごろであった。

四、久六の死—乙川の人たちの証言から

二時間ほど時間を戻し、庄屋屋敷。

柱にすがり付いて離れようとしない久六。次郎長は門前で怒鳴っている。そこへ村役人が来る。次郎長が庄屋屋敷の門前を離れた瞬間、久六は今にも落ちそうな右腕を左手で抱え、脱兎のごとく門を飛び出した。

次郎長らは庄屋屋敷の門からみて右へ、久六は反対方向の左へ走った。走った先は「やぶした」と呼ばれる所だという説。「まやぶ、もやぶ」だという説。前者は「藪の下」すなわち藪の生い茂った場所の下側または奥、の俗称。後者は、現在の乙川東小学校の西側一帯にあった葦の荒れ野の地名「茂藪=もうやぶ」。今になれば特定は難しいが、いずれにしても藪や葦の雑草地なのは同じ。

そこへ久六は、一気に駆け込み、身を隠したのであろう。

さて、ここからである。


この本を書くにあたり、たくさんの乙川の人、亀崎の人にお話を聞いた。

前章の『久六を斬る』もそんな人たちの話を下敷きに書いた。

殊に、久六事件の当事者の一人ともいえる乙川村庄屋・杉浦善次郎氏の祖孫、杉浦格一さん、光照寺住職・西川文雄さんのお話を核として久六斬りの顛末を書いた。

したがって『久六を斬る』の章は、私のフィクションではない。乙川に伝わる話を縫い合わせたノンフィクションである。

○

乙川を取材するまで、私は次郎長と久六に詳しかったわけではない。だから久六は乙川畷で次郎長にズタズタに斬られて死んだと思っていた。しかし、乙川周辺で聞いた話のすべてに、久六の葭野畷での即死はなかった。

従来の「次郎長の久六斬り」は『東海遊侠伝』を底本に諸氏が書き上げたものだろう

が、それを信用するあまりか、各作家ともどうやら事実を見誤ったようだ。

もちろん、それが小説の優劣を左右するものでもないし、久六がどこで死のうが物語的には大した意味はない。かえって、次郎長が久六を斬る場面を、

「久六をめった斬りに斬り殺した」り、

「(四人で久六を)なますのように斬った」り、

「久六の悪業を責めながら、肉が泥と化すほど斬りさいなんだ」り、

「(久六の首を)サッカーボールのように蹴り上げた」り、

「(久六の体は)大木が倒れるように頭から田圃に落ち、動かなかった」り、
した方が勇ましいし、面白いのは分かっている。

しかし、本稿では出来るだけ地元・乙川の伝承を大切にし、久六を葭野畷で殺さなかった。否、これは伝承と言えぬ。庄屋・杉浦家に物的証拠さえ残っている紛れもない事実だからだ。

「久六は次郎長に右腕を斬られたものの、乙川の村中を逃げ回り、倒れた。虫の息になった久六を見かねた乙川の村人が、戸板に載せて光照寺に運び、そこで死んだ」。

面白かろうが面白くなかろうが、これが真実である。

庄屋・杉浦家に残る物的証拠とは柱に残された久六の夥しい血の痕である。

庄屋屋敷の大きな門をくぐると真正面が玄関だが旧家のそれはいつも閉まっている。その横手の土間に入る戸口がいわば勝手口。門を転がり込んできた久六は、その土間の柱にしがみついた。その時の血痕である。

杉浦家では、その後、血の痕を洗い流そうと幾度も幾度も試みたが血痕は消えなかった。

久六事件から三十年の歳月が過ぎた明治二十三年。帝国陸海軍大演習が半田市一帯で行われることとなった。

この演習は、明治天皇はじめ、有栖川親王ら皇族。山縣有朋総理大臣、西郷従道海軍大臣らほとんどの閣僚が参加した大々的なもの。まさに国を挙げての初の大演習であった。半田市一帯の旧家は物心両面の協力を求められ、杉浦家は乃木希典少将一行の宿舎となることに決まった。

が、久六の血はいまだ柱から消えずにある。

「天子さまもおみえになる大演習に血痕は畏れ多い」と、苦慮の末、柱に白い布を巻きつけ、それを隠した。

布は時々巻き代えられながら、太平洋戦争後まであった。

「私が娘の頃、柱に晒しが巻いてあるのを見ていたよ。何か不気味な感じがして怖かったのを覚えている」と半田市乙川市場町にお住まいの榊原さん（77）。

「子供の時分、近所のガキ共と杉浦家の門の外から、晒しを巻いた柱をこわごわ見たものだ。あの晒しをとると、久六の血が吹き出してくるんだ、と誰ともなしに言っていた」と、ちょうど杉浦家の前で会った古老。お名前は教えてくれなかったが、「わしのことならこの辺のもんは誰でも知ってる」というからこの町の古い人なのだろう。さらに、この古老、「久六はこの道を逃げ回った。道にも血の痕が沢山あったと聞いている」。どの道を逃げたのでしょうね、と聞くと「茂藪《もやぶ》じゃないんかい」と当然そうに答えた。

庄屋・杉浦家ではその後、どうしても消えない久六の血の痕の二箇所を切り取り、新しい木を埋め込んで始末をした。現在残る柱がそれである。

余談だが、杉浦家に泊まった乃木希典少将は、座敷の畳をあげさせ、軍靴軍服のまま軍刀を抱き、壁に寄りかかる形で一夜を過ごしたという。演習といえども実戦の心構えで、ということだったのだろう。

日露戦争で総指揮官となった乃木大将は、のちに軍神となった広瀬中佐の上司。たぶん、戦前戦中、何度も席を同じくしたはずだ。広瀬中佐は次郎長の経営する清水の船宿「末廣」の常連。「次郎長の昔話を聞くのが楽しみで末廣に通ってきた将校の一人」で、ことに次郎長の人間性を慕って数多く「末廣」に通っている。当然、乙川の久六斬りの顛末も聞いたろう。日露戦争、忙中閑の折り、広瀬は乃木大将と乙川の話をしたかもしれない。

次郎長が生きた時代はそう古い昔ではない。私の取材した方々の二、三代前は次郎長と同世代。まして、ここ百年、百姓一揆と伊勢湾台風の被災以外に事件らしい事件のなかった乙川村。この大事件が、そう簡単に風化するはずはない。

中には「(曾)おじいちゃんが乙川で次郎長と博奕を打ったことがある」などという

話さえ出てきた。

これは新美良吉さん（69）＝乙川市場町の話。

「当時、『改心亭』という小料理屋が近くにあった。そこは村の博奕好きが集まり年中、賭場が開かれていたそうだ。私の曽祖父も好きだったようで、常連だったみたい。賭場の内容は分からないが、曽祖父は街道沿いに持っていた家を三軒減らしたというから、小さな博奕ではなかったのだろう。そんな時、清水次郎長がそこに来ていたと聞いた」。

新美さんの話は、彼のお父さんから聞かされたものと言う。

「父が生きていれば、今年百十六歳」。そのお父さんのおじいちゃんだから、次郎長より年上になろうか。その話が事実だとしたら、まさか久六斬りの時に博奕でもなかろうから、次郎長はそれ以前に乙川に来ていたことになる。それは不思議ではない。三河から知多半島西浦へは、駿河湾を船で大野街道を徒歩で、が一般的な道。ここ乙川は次郎長が任侠修行をした三州から半日で来ることが出来るところである。まして、まだ久六と仲の良かった頃なら、二人して小料理屋の奥で素人相手に一稼ぎ…は、ありそうな話だ。

それにしても賭博開帳の常習店が『改心亭』とは面白すぎる。年中、改心と反省を繰り返すのが、ばくち打ちの習性だ。

良吉さんのを裏付けるような話が出てきた。

新美和之さん（39）＝南大矢知町　は『昔の乙川まつり』の写真集を出版した「乙川祭礼」の研究家。古い祭りを調べている過程で様々な古い乙川を知ったという。その新美和之さんからの情報。

「乙川若宮神社のそばに『満州松太郎』さんと呼ばれる方が住んでいた。みんなは『満州松っつぁん』と呼んでいた。侠客といっていいかどうか分からないが、まあ素人ではない人。明治生まれの方だ。この方が、清水次郎長が子分たちと撮った写真を持っていた。私も見せてもらったが、次郎長は鬼瓦のような顔をしていた。貴重な物だから清水に贈ろうかと言っていたのも記憶している。その後、満州松っつぁんは亡くなり、ご子息も若くして亡くなったので、写真の行方は不明だ」。

ほらほら出てきた。乙川に次郎長の写真もあった。

しかし、久六事件以後、次郎長は知多半島には来ていない。それに次郎長は明治維新後、天田五郎が写真業を始めたこともあって多くの写真を撮っているが、それ以前はないはず。じゃ何故、乙川に次郎長の写真が？　写真は多分、明治に入ってからも次郎長への怨念を捨てきれぬ常滑一家が手に入れ、知多半島の要所に配布した「手配写真」。これなら納得できそうだ。

それに地元でも意外と知られていないのは、次郎長の養女が乙川村の出身だということだ。

子宝に恵まれない次郎長は、お蝶（三代目）の姪にあたる「けん」を養女にしている。「けん」は明治九年生まれ、知多郡乙川村士族・山下燕八郎の次女である。

おけんさんが実家に、養父・次郎長の写真を持って来たって何の不思議もない。

新美良吉さんの話を聞きながら、ふむふむと思ったのは、「私が子供の頃は、親ばかりでなく村の年寄が子供を集めていろんな話をしてくれたものだ。寺の境内やなんかで子供が七、八人車座になって話を聞いたものだ」のくだり。

伝承、伝説はそうして後世に伝えられて行く。

そこに話の面白味が加味されたとしても出来事の骨格が変わることは少ないはずだ。講談師が受け狙いで話の本筋を変えたり、登場人物を意識的に増やしてしまうのとは違う。まして、時の権力者が、己の汚点を消すために歴史を曲げてしまうのとは根本的に違う。庶民レベルの言い伝えが案外正しいのは、司馬遼太郎の『街道を行く』を例に出さなくとも分かる。

司馬遼太郎氏といえば、子母澤寛氏との対談のなかで「あなたは年寄りから話を聞き出すのがうまい」という旨の話で盛り上がっていたことを思い出した。司馬遼は『竜馬がゆく』、子母澤は『新撰組』の一連で、ともに幕末物が得意分野。子母澤は『駿河遊侠伝』で次郎長も書いている。その二人の文豪が「年寄りの話」を大切なネタ元にしている一面がよく分かって面白い。

ついでにちょっと脱線。某大学教授著の「尾張の近代史」を読んでいると、有名大学の学者の一文を引用するのに、その学者がいかに権威であるかを本論から大きく逸れて縷々書いていていた。まるでラブレターのようだ。それは教授のご都合で一向に構わないが、次に「郷土史家がこんなことを書いている」とその郷土史家の氏名も書名も記さずに引用していた。有名学者の説には格段格別の敬意を払うが、無名の郷土史家のものは認めない、の思想ありありである。そんな人の歴史考証なら乙川の年寄の伝承の方が信憑性に勝る。なぜなら何の利害も結末も望まぬ話だからだ。

乙川八幡町に住む杉浦つきゑさん（87）は、「私は昭和二十七年にこの場所（ＪＲ乙川駅の北側＝その後、駅はやや名古屋寄りに変わった）に移って来た。家の側に細い旧街道があり、その一角に高さ五十㎝ほどの石の柱が建ててあった。何かと聞くと、清水次郎長がここに来たという標しの碑だと言っていた。その後、道が広く整備される時、誰かが持ってっちゃった」。

私は杉浦さんに「それ、次郎長の碑じゃなくて久六の墓じゃないんですか」と、さかんに誘導したが、おばあちゃん少しもそれにのらず、「いいえ、久六は、その前の小川で斬られた傷口を洗ってから光照寺さんで死にました」。

ルポ作家的誘導尋問は不発に終わった。

その小川だが、近所の年配者なら誰でも知っているもの。川幅は一米ほど、今は名残りを残すのみ。

私がそこを写真に撮っていると怪訝そうに見ていたご近所の方。歳の頃は七十歳前後だろうか「私が嫁に来た時分は、小川は水も多く、洗濯もした、野菜も洗った」と言う。そして「保下田の久六が小川にはまった、という話は聞いているよ」。


――保下田の久六が次郎長に斬られた腕を洗うと、小川が血の色に染まった。それからというもの、小川の下流には不幸が連発した――


これも、この近辺にあった話である。

私は、右腕のない、あるいは右手が利かない久六が、小川にしゃがみ込んで斬られた腕を洗うのは不自然だとして、小川の水を使ったのは次郎長、彼が血に汚れた手足、血糊の付いた刀を洗ったとしたが、自信があるわけではない。

ただ、「次郎長」「久六」「小川」「血」の四つはキーワードは、このポイントで見事に機能している。

ちなみに、次郎長が対峙した地蔵は、このそばにあった。その後、この旧街道を拡張する際、光照寺境内に移築された。明治初年のことと記録されている。地蔵尊は、次郎長が久六討ちの心願を掛け成就したことから「勝軍地蔵」「心願成就の地蔵尊」と呼ばれ、今も参拝者が絶えない。

庄屋屋敷を出た次郎長は、光照寺を右に見ながら荷物の置いてある地蔵のところへ真っ先に行ったことだろう。地蔵のあった場所は、旧の亀崎街道、八幡神社の大鳥居の西側。乙川の人だけに分かるように言えば、新海理容店、岩月理容店と二軒の理容店が並ぶ前。その岩月さんの前あたりである。

久六の死についても幾つかの情報を得ている。

前出の立松宏氏の平成三年の取材記録から大坪幸栄さんへの聞き取りの部分だが、かなり詳しくリアルな証言が記してある。

大坪さん（ご生存であれば今年百五歳）は祖父からの話として立松氏に述べているのだが、この祖父は、なんと久六の傷の手当をしたという。

立松メモを整理して供述をまとめる。

①「久六は金子借用のカタに刀を取られていた為、次郎長と出会った葭野畷では刀を持っていなかった」。

②「久六が次郎長に斬られた箇所は、右手の手のひら、親指と人差し指の付け根の部分に深い傷。それと盲腸の上あたりの脇腹で、ここが重傷であった」。

③「戸板に載せられて庄屋・杉浦家に担ぎこまれた。」その時久六は、「俺のふんどしをほどいて傷口をしばりあげてくれ、と周囲に頼んだ。誰も手を出さないので、大坪氏（幸栄氏の祖父）が久六の胴体を（ふんどしで）巻き上げて手当をしたが、血が止まらなかった」。

ちょっと具体が過ぎるような気もする。立松氏もこの話の出所を疑ったのだろう、大坪氏に問うた様子がうかがえた。

大坪氏は、

④「祖父・大坪と当時の鳴海代官は、西南の役で官軍の同年兵で親友だった。その後も、俺、お前の仲で、代官所へも度々出入りしていた。その祖父の話だ」。

とある。また、
⑤「その後、次郎長は世を逃げ歩く立場になった。」
と答えている。

これらの部分から推測できるのは、これは役人の「取調べ調書」か「報告書」なら可もなし不可もなしだな、である。

「ヤクザ同士の喧嘩。けが人を助けた善良な村人たち」。犯人以外には誰にも落ち度がなく、面倒がない。その犯人も他国へ逃走している。

たぶんこれは、代官所すなわち役人サイドの記録がこのように記されていて、鳴海代官から大坪祖父がそれを聞き、子孫に伝えられたもの、と思っている。


石川のおばあちゃんが言っていたよ、と乙川新町で聞いた。

「久六は庄屋さんの屋敷から逃げて、旧街道にあった大きな楠の木の下で倒れた。道には久六の血が点々と残っていた」。

石川のおばあちゃんは多分、あの人と分かり訪ねたが、寝床から起きにくい状態だったので取材は断念した。

その他、五、六件のものは、明らかにネタ元が広沢虎造の浪曲なのが分かるので、ここには書かない。

ちなみに、虎造の『清水次郎長伝』の久六斬りは、九段目「大野の宿場」、十段目「代官斬り」。内容は「久六の妹を妾にした亀崎の代官と久六を、次郎長一家八名が亀崎代官所を襲撃して斬った」である。面白い、実に面白い。私はすっかり聞き惚れた。こんなに人の心をつかむ浪曲という日本の立派な文化が、なぜ廃れているのだろうと思ったほどだ。

ただ、これはあくまで演芸であって中身に史実はない。

当時、知多半島に代官所があったのは鳴海村と大野村であり、亀崎村に代官所はなかった。その支所らしきものも見当たらない。だから亀崎に代官はいない。いないものは斬りようがない。

○

さて、藪の中に駆け込み、身を隠した久六は、息をひそめて次郎長の去るのを待っていた。右腕から夥しい血が滴り落ち、止まることはない。意識を失いそうになった久六は、藪を這い出てきた。救いを求める本能であろう。

それに気付いた村人が五人、また十人と集まってくる。

立ち上がることも出来ない久六。何かを言っている。そのうめき声は「助けてくれ…」だろうと皆が分かっているが、誰も手を出そうとはしない。

人の輪は数十人にもなった。

女もいる、子供もいる。

村人たちの皆が久六を知っている。顔を知らなくとも久六の噂は知っている。皆がじっと、あの怖かった久六の死を、能面のような表情で黙って待っている。

燦々と陽の光がふりそそぐ昼下がりの道。久六の身体は陽の光の中に動かなくなり、白く見えた。道の辺の花藪に赤い花が咲いていた。

「死んだら仏だがや」。誰かが言った。

戸板が運ばれてきて、久六は載せられた。まだ息はあるが気絶状態だ。

四、五人で運ぶ久六を載せた戸板の後ろに、村人が長く続き、光照寺に入った。
光照寺第二十六世・是興和尚が戸板の上の久六を見て、「まだ息がある」と言うと、久六は微かに目を開けた。和尚は久六の耳元で何かを懇々と言っている。

村人は黙ってその光景を見ていた。その時、

「渇っ！」と和尚が発した。

その瞬間、久六は息を引き取った。

和尚の読経の声が炎天下に高く伸びていった。


「悪人なりとても、死者を鞭打つはならぬ。」と是興和尚は一旦、久六を乙川に埋葬する決断をした。

しかし、後日、常滑一家・中野兵太郎が久六の屍を引き取りに来た。遺体は常滑に持ち帰られたが、その墓地や墓標は不明である。

常滑の兵太郎は、兄弟分・久六の仇を討つを理由に、その後、再三、次郎長に喧嘩を仕掛けている。侠客社会の常識からして、兄弟分・久六一家の残党が常滑一家の息がか

かっていないはずはない。その視点で見ると、久六が討たれてから一年半余りに起きた次郎長一家への報復行動の裏に常滑一家がいたとみて間違いない。石松殺しもそう、船を仕立てての清水急襲もそう。この辺りは後の章で触れるが、そんな兵太郎が久六の供養をせぬはずはない。墓ぐらい建てぬはずはない。葬儀の場で、あるいは久六の墓前で、「久六、見ててくれ！　必ず次郎長の首を取ってやる！」と、大声を出さねば男稼業は立ちゆかないのである。兵太郎は間違いなくそんな行動をとっている。

久六の墓は常滑にきっとある。

Ⅵ・久六討ちその後

一、次郎長の逃走劇—久六一家残党の逆襲

亀崎村に入った次郎長ら四人。それを見つけて鶴吉が血相を変えて走り寄って来た。「親分！　よかった、会えてよかった」。鶴吉は葭野畷の首尾も聞かず、「亀崎村は常滑一家の連中でいっぱいですぜ！　道を変えてください」。

乙川葭野畷から逃げた久六の子分が、常滑一家の各所に駆け込み、次郎長追撃の体制をとっているという。

船着場は一番最初に見張られ、次郎長一行を待ち伏せしている。常滑一家には役人もついている。鶴吉はそう口早に言った。

亀崎村では、次郎長の久六斬りの話でもちきりらしく鶴吉も既におおかたの内容は知っていた。

「さあ、早く」と鶴吉は一行の手を引くように山道へ向かった。

ここより半年に及ぶ次郎長の逃走劇が始まるのである。

その足取りを『東海遊侠伝』に追ってみる。

亀崎村で大立ち回りをした次郎長一行は、桶狭間に逃げ、そこから三州に渡り、米木津の重五郎の家、御油の源六の家、羽取村の吉左衛門の家、本沢の為五郎の家にそれぞれ草鞋を脱ぎながら、清水港に帰った。

清水の自分の家にしばらく居た後、次郎長は、大政、石松、八五郎に峯五郎を加えた五人で再び旅に出る。当時の侠客の常であった「ほとぼりさましの急ぎ旅」である。大野の鶴吉がいないのは久六斬りの実行犯でなかったからだろうか。

ここからが凄い。まず、甲州三日市の政吉の家から始まり、武州高萩の萬次郎の家に逗留した後、草津温泉→信濃→越後→加賀→越前と中部地方を一回り、仕上げに四国に渡り、その年の十二月に清水に帰っている。

乙川村葭野畷の決闘が安政六月六月十九日だから、ちょうど半年間の凶状旅。その間、チャンバラあり博奕ありで書けば面白そうだが本稿では省略する。

ただ、この半年の凶状旅の様子を『東海遊侠伝』にみると、必死に捕吏の手を逃れる雰囲気より遊興の色の方が濃い。金子も潤沢に回っていた様子だ。

これは、「侠客ネットワーク」が「悪玉・久六を討った、ヒーロー・次郎長」を演出し、各地の親分衆がスター次郎長を手厚くもてなしたからに他ならない。安東文吉ら二束の草鞋の親分衆は、次郎長に道中手形まで渡していたという記述もあった。

この駿河の大親分、安東文吉が次郎長に肩入れしなかったら、おそらく次郎長は生きていなかっただろう、という記述も見た。

思うに、凶状旅とはいえ今回の旅は、そう辛い旅ではなかったようだ。それにしても、たった半年で清水に帰り、その後は普通に暮らしているわけだから、久六殺害の罪は執行猶予六ヶ月だったと考えていいのだろうか。どうにも理解しにくい幕末の博徒取締り法である。

いや、皮肉っぽい言い方はよそう。

次郎長が本当に恐れたのは役人捕吏の手でない。久六一家の残党やその背後にいる常滑一家の影であったのだ。久六殺害は罪ではあるが、乙川、亀崎ではほぼ穏便に始末がついている。加えて、尾張国・鳴海代官所管内の捕吏が駿府・清水まで来るはずがないことは、他の一連から見て明白だ。

その辺りを少し調べてみた。例えば、尾張で犯行を犯した者が駿河に逃げると、まず尾張の担当官が駿府の担当官に照会をし調査を依頼する。駿河は尾張に対し善処する旨を書いた書面を返す。ほとんどの場合それで一件落着。それ以上のことをしないのが一般的だったようだ。「犯罪人引渡し条約」などあって無きが如しなのだろう。それと現代と決定的に違うのは地元意識の強さ。清水の役人が「おい次郎長親分よ、尾張から照会状が来ている。しばらく旅にでも出て来いよ。あとは何とかしておくよ」と言ったのが聞こえるようだ。

ところが博徒同士の怨念はそうはいかぬ。国境も時効もない。

一説には反清水、親常滑勢力の大前田栄五郎、大場久八、伊豆の金平らが刺客を出し、次郎長を狙ったとある。これだけのメンバーに狙いをさだめられれば、次郎長だって首筋が寒い。じっと清水で寝ているわけにはいかなかったろう。

それに、次郎長にとって、久六の残党や常滑一家が清水に攻め込んで来ることを最も嫌ったと見る。「地元では騒ぎを起こさない」のが次郎長流。ゴロ長といわれた若い頃は別だが、一家を構えるようになってからは、おそらく次郎長は清水で一度も喧嘩《でいり》はしていない。悪さもしていない。地元で「次郎長さん」と慕われる一因はここにある。ちなみに次郎長の抗争のすべては他所へ攻め込む遊撃戦である。


そうこうしているうちに、久六一家残党の逆襲が始まった。

森の石松が、遠州の閻魔堂で久六一家の残党に惨殺されたのである。

巷間、伝わるように、「石松は都田三兄弟に、次郎長へと預かったお蝶の香典を騙し取られた末に殺された」は間違いないのだが、どうもそれが表面に出過ぎているようだ。石松暗殺の真相は、久六一家残党の親分の仇討ち、または、常滑一家の清水一家への報復だったとみるのが正解だ。

久六一家の残党とは布橋の兼吉。子分の仙次郎ら十数人で石松を待ち伏せ斬りつけた。これを手引きしたのは都田の吉兵衛。石松は吉兵衛の弟、常吉と懇意で、彼を訪ねたときから事件が始まるのだから、仲良しであったはずの常吉も、端っから承知のうえの石松暗殺と思われてもしょうがない。また、吉兵衛はこの直前まで清水の次郎長の家に逗留し、客分となっていたというから何やらややこしい。

まさに、仁義なき戦いである。

○

時は万延元年六月一日というから、乙川葭野畷事件から一年後のこと。石松が次郎長の代参で讃岐の金毘羅宮に久六討ちのお礼参りを済ませての帰り道のことだった。騙され、夜道に連れ出された石松。

暗い人っ気のない道を都田三兄弟に囲まれ歩いてゆく。

「吉兄ィ、どこまで行くんだい」と石松。

吉兵衛、薄笑いを浮かべて、

「もうすぐだよ。あそこに寺が見えるだろう」。

「どこにだい」と石松が暗がりの先を見る。そこに見えたのは寺ではなく、喧嘩支度をした十人余りの男たち。

「なんでぇ、お前たちは」と、訳のわからぬ石松にいきなり男たちは斬りかかってきた。

「石松！　久六親分の仇だ！」を口々に襲い掛かる兼吉一味。石松は振り返って都田兄弟を見るが、三兄弟は揃って石松に向かい刀を向けている。

ようやく状況が分かった石松。壮絶な斬り合いが始まった。

襲い掛かる十数人、石松は懸命に応戦するが相手は多勢。傷を負い、暗闇の中、ようやく小松村の七五郎の家まで逃げた。

七五郎は次郎長の子分。いわゆる身内である。そこに隠れていればいいものを石松、傷の手当を受けると夜明けを待たず脱出を試みる。しかし運なく兼吉一味とまたも遭遇。奮戦のかいもなく倒れた。

倒れた石松の身体に一味は群がって、斬り、刺し、石松の死体には蜂の巣のように無数の刀傷が残った。

死体を斬りさいなむ。これぞ怨念のなせる業である。

吉兵衛は、石松の死体を指差し兼吉に、「石松の首を切り落として常滑の兵太郎のところへ送ろう」と言っている。それは吉兵衛が、はっきり反・清水、親・常滑のスタンスであったことの証明だ。

一味は、石松の首を切ろうと提灯を近づけると、目をかっと見開き、歯を噛みしめ、今にも怒声を発しようかという物凄い形相の石松の顔が灯りに浮かんだ。

兼吉は石松の形相に怯え、首を切るのをあきらめ、頭髪を切り取った。そして、それを常滑の兵太郎に送り届けたのである。

その後、石松が惨殺されたことを知った次郎長は怒り心頭、吉兵衛を討つために攻勢に出た。

報復の連鎖は終わることなく続くのである。

二、清水を船で急襲。久六の兄弟分たち

まあ何と、ぶったまげる事件が起こった。

万延元年九月十六日の夜のことである。甲冑に身を固めた十八人が船で夜陰にまぎれ清水港に入り、次郎長の家を襲ったのである。

万延元年といえば、勝海舟が咸臨丸でアメリカへ渡った年。桜田門外で井伊直弼が殺害された年。日本が大きく音を立てて変わろうとしていた年である。ヤクザの喧嘩もそれに呼応するように近代戦に変化した。

船で甲冑の男たちが敵地を急襲とは穏やかではない。

甲冑というからには鉄兜に鉄の帷子《からびら》の重装備だったのだろう。まるで戦争である。清水の町の人は「軍人が来た！　と皆、争って姿を隠した」との記載があるから、まさに

軍隊が上陸して来たような様子だったのだろう。

当時の清水港は軍港である。数十艘も係留されている軍艦の間を縫うように一隻の船が岸壁に近づくさまはドラマチックこのうえない。

攻めて来たのは、伊豆の赤鬼の金平、都田の吉兵衛、久六の残党の連合軍である。赤鬼の金平は久六の兄弟分。その冠名の通り戦闘的な男であった。

吉兵衛は石松殺しの首謀者。次郎長一家からさんざん追われ、何とか次郎長と和解しようと関東の巳之助に仲裁を頼んだ。しかし次郎長はこれに応じない。ならばと吉兵衛は伊豆の金平に泣きつき、兄弟分の盃を交わし、次郎長討ちの攻撃に出たのである。

この金平の行動を、「昨今、急激に大きくなった次郎長への妬み」とみる説が大半だが、いやいやどうして、ここにも久六の影が見えた。少なくとも、この清水急襲の大義名分は「久六の仇討ち」である。

金平一味十八人は次郎長の家に怒涛のごとく踏み込んだ。しかし、結果はあっけなかった。

次郎長はその日、瘧（おこり＝マラリアの一種の熱病）を患い、実父・三右衛門の家で臥せっており、次郎長の家には誰もいなかったという。大親分次郎長の家が空っぽ、は、ちょっと眉に唾をしたくなる話だが、それが事実なのだろう。

何といっても驚いたのは甲冑の金平一味だ。どどっと攻め込み、さあ一戦と刀を振り上げるが誰もいない。まさか次郎長の家が空っぽとは想像外。これは次郎長の計略だ、と逆に恐怖にかられ、駆け足で伊豆に引き上げてしまった。

金平にツキがなかったのか、次郎長がツイていたのか、ともあれ次郎長がこの夜、一命をとりとめたのは事実であろう。

その後、伊豆の金平は親分筋の丹波屋伝兵衛の仲裁で次郎長と手打ち。

後ろだてを失った都田の吉兵衛は、その翌年の万延二年正月十五日、次郎長らによって殺された。

次郎長は吉兵衛の両肘を切り落とし、それを石松の墓に供えた。

表面上、これ以降、久六を巡る血なまぐさい出来事は起こっていない。しかし、殺し、殺された怨念は、いかに歳月をかけようとも消えるものではない。

三、 久六の墓地

平成十五年七月十八日。旧暦では六月十九日。乙川葭野畷事件の日である。言い換えれば、久六の命日である。

私は妻と一緒に、常滑市にある総心寺を訪ねた。

常滑一家・中野兵太郎の墓のある寺である。

総心寺は常滑市街の東のはずれの小高い山の中腹にあり、元和元年（一六一五）の創立。その後、移築されたというが、いかにも歴史を感じさせる寺だ。江戸時代、知多半島で寺領として禄米を受けていた寺社は六社。その一つである。

山門をくぐると長い登り坂が本堂まで続く。大木に囲まれたその参道の右側は緑陰の山裾で、墓所が点在している。凄まじい蝉の声が降っていた。

住職夫人に中野兵太郎の墓を案内してもらった。笠つきの墓である。丸に二引きの紋章がついている。周囲には同じ紋章のついた墓が幾つかある。

「兵太郎さんは人望のあった親分と聞いています。亡くなったとき、裃《かみしも》を着て、大小の刀を差し葬られたと聞いています」と夫人。

「その兵太郎親分の弟分の保下田の久六という人の墓は、多分、このお寺にあると思うのですが」と私。

「あぁあぁ、私はよく分からないのですが、昔、芸者さんをされていたという方が、実は三年前に亡くなられたのですが、中野家の墓によくお参りに来られ、そんなことを言っていたような……。その方にお会いできればね。いろいろ聞かれたでしょうに」。

聞けば、兵太郎は芸者置屋も営んでおり、墓参を続けた元芸者さんもその関係らしいと言う。

彼女は、亡くなった三年前で八十数歳というから、年齢的に兵太郎を知るはずがない。たぶん、親の代からの芸者稼業で、おばあちゃんが兵太郎親分に世話になっていた……という図柄を考えてしまった。

それにしても、三代前の知り合いの墓参りを欠かさないのは、よほど親や祖母に「兵太郎親分さんには良くして頂いた」と聞いていなければ出来ないことだろう。

今の墓には枯れた花と水のない茶碗がそのままだった。

「常滑一家という組織は今もありますが、そこの若い衆がお墓参りに来ることはあるんですか」と聞くと、「来ますかいな」。

ヤクザは祖先を大事にしないのだろうか。

常滑の兵太郎は「小柄で肥えていて、商家の旦那さんみたいな人だった。人を使うに細かい気配りができる人柄の良い親分だった」。

博徒といえど、かなりの人物でなければ、知多半島全域を勢力下に収める名門・常滑一家を創りあげることは出来ないだろう。それに私が聞いた人が例外なく「兵太郎さんはいい人だった」と言ったのが強く耳に残る。

そんな大親分であり人格者であった中野兵太郎が、兄弟分、久六の死を横目で見ながら知らん顔をしていたはずがない。まして久六は自分の縄張りである乙川で斬り殺された。そして、その屍を引き取ったなら、道にうっちゃっておくはずがない。手厚く葬ったはずだ。

葬った場所は、ここ総心寺。他にあるものか、と私は緑陰の山腹をうろうろするが「久六の墓」なんて墓標はあるはずがない。

「久六さ〜ん。久六親分〜。返事しろよ〜」と墓原に向かって大声をだし、住職夫人と愚妻に笑われた。

蝉の声ばかりが大きく応えてくれた。

Ⅶ・付録：その後の次郎長とその周辺

一、政界の大物たちと次郎長

勝海舟が次郎長に問うた。

「あなたは大勢の子分衆をお持ちだが、あなたのためなら死ねるという子分は何人いますか」。

次郎長はそれに答え、

「いいえ、一人もおりません。ただし、私は子分のために死ぬことは出来ます」。

以前、ものの本でこれを読んだ。出所も詳細も忘れてしまったが、このやりとりだけは印象深く覚えている。

清水次郎長というたかがヤクザが、明治期に入って、山岡鉄舟、勝海舟をはじめ、当時の政府高官や県知事クラスと極めて親しく交流している。

激動の日本を動かした大物たちと博徒。ミスマッチに思えるこの組み合わせが、まるで春を待っていた草木のように次々と結実してゆくのだから、まさに人生奇なりである。当時を書いた本を読むと次郎長の周囲には、勝、山岡にくわえ、日本近代資本主義の父と呼ばれる渋沢榮一や日露戦争の軍神・広瀬中佐などが次々と登場してきて度肝を抜かれる。ほかにも、私には馴染みのない名だが、大将、中将、艦隊司令長官や静岡県の高官たちの名がぞろぞろ出てくるところをみると、当時の次郎長は清水港の要にいた印象さえもってしまう。

どうかすると、当時、静岡に住んでいた徳川十五代将軍・徳川慶喜が自転車に乗って次郎長の家を訪ねた、なんて記事があってもおかしくないと思ったりしたほどだ。

ことに山岡鉄舟とは、交際というより共闘といってよいほどの繋がりがある。二人の間の数々の逸話は割愛するが、晩年、次郎長が船宿「末廣」を開業した際、鉄舟に扇子千本に揮毫を依頼し、鉄舟がこれを承諾している。政府高官であり書家である鉄舟がせっせと千本もの扇子に揮毫する姿は、想像するだけでも凄い。鉄舟と次郎長の間柄をあらわして雄弁な出来事である。

そんな偉人、大物たちとの交流は、次郎長が東海道・清水界隈の沿道警備を命じられたことを契機にしてのことである。だが、そんな雇用関係の延長だけで親交が深まるものではない。

次郎長には偉人たちの心を掴む人間的魅力があったとみて相違なかろう。

次郎長がヤクザの世界に足を踏み入れたのは天保十三年、二十三歳のとき。年齢的には遅いデビューである。

少年時代は手のつけられないほど粗暴な性格で親戚をたらい回しにされていたが、十五歳位から家業の米穀商・甲田屋の仕事に精を出し、商売も順調だったというから商人との才能もあったのだ。その米屋の若旦那だった五、六年の間に次郎長は社会常識や商人的な気配りも身につけたのだろう。後に博徒の世界に転じてからも、気配りや戦後処理のうまさで人をひきつけた話は前に書いた。

昨今は別にして、一昔前までのヤクザ者の生い立ちは、ほとんどが貧困層。そして貧困からの脱出を目的にアウトローの道を選ぶ。「俺にはこれしか道がないからな」が彼らからよく聞く言葉だ。これが普通である。江戸時代だって例外ではなかろう。

ところが次郎長の場合、船持ち船頭、雲不見《くもみず》の三右衛門の次男に生まれ、米穀商で跡継ぎのいなかった叔父の家に養子に入る。実父の三右衛門は雲不見などと海賊を思わせる冠名だが、船頭のほかに薪や炭を商う燃料商も営んでいたから複数の店をもつ商家だったわけだ。米穀商の甲田屋は、先代が死んだとき「その遺産、四、五千両余」とあるから大店だった。

貧富の差の激しかった江戸時代、次郎長は間違いなく富の環境に生まれ育っている。そのことがアウトローになった次郎長にどう影響したかは計りやすい。腕っ節が強く、社会常識もあり、金もある男が、半端者の多いアウトローの世界にその気になって入ってゆけば、たちまち頭角を現すのは当然の成り行きだろう。

しかし街道一の親分になっても次郎長は燃焼しきれぬものを持っていた。それは「ヤクザのままで終わりたくない」の気持ちだったのだろうか、それとも、事業欲だったのだろうか。

明治維新後の次郎長の実業には目を見張るものがある。

よく知られる「富士の裾野を茶畑にする開墾事業」や「油田事業」も建設的な行動だ

が、それより、

「清水の廻船問屋たちを説得し、蒸気船を清水港、横浜港に就航させた」。

「これからは外国語の時代だと清水で英語塾を開設した」。

などに瞠目する。

そんな進歩的な思想を次郎長はどこで手に入れたのだろう。私は驚きをもって、彼のアクティブな未来志向に注目した。

明治の偉人たちもたぶん、次郎長の夢を語るに似た新鮮な未来展望説に膝を乗り出したに違いない。そして博徒・次郎長ではなく、実業家・山本政五郎を認知していったのであろう。

○

明治二十六年（一八九三年）六月十二日、次郎長死去。七十四歳であった。

辞世の歌があった。

六でなき　四五とも今は　飽き果てて　先立つさいに　逢うぞ嬉しき

掛け言葉を多用した面白い歌である。それに辞世の寂しさも含有し、質の高い短歌といっていい。

この歌、こう読むとよいだろう。

「ろくでもない、四の五の、賽の目に一喜一憂してきた人生には飽きてしまったが、それでも今、あの世に旅立つに際し、サイコロを見ると、いろいろなことを思い出し嬉しくなって来ることよ」。

六でなきは、ろくでなき。四五は「死後」を掛けている。また、仕事とも読める。これは決して強引ではない。ひらがなを数字に置き換え、読み替えることは江戸の一時期流行した。粋な感じが受けたのだろう。そんな当て字は通常のことである。

私は、ヤクザ言葉の「四の五を言う」（つべこべ言う＝唹呵を言う＝説諭する）と読みたい。ヤクザ言葉といえば、最初の「六」はピンロク＝一・六の六、すなわちビリということ。そして、先立つ「さい」は賽（サイコロ）」と読める。幾重にも読めるのがお分かりいただけるだろう。

「たいしたことも出来なかった仕事にも飽きているが、死んでゆく今、そんな仕事の有様を見ると嬉しくなることよ」と読んでもいい。ただし、私は前者を採る。

もう一度、歌を引く。

六でなき四五とも今は飽き果てて　先立つさいに逢うぞ嬉しき

次郎長らしい、いい辞世の歌である。

二、天田五郎、そして天田愚庵

『東海遊侠伝』を書いた天田五郎に簡単に触れておく。

磐城《いわき》藩勘定奉行・甘田久太夫の次男として生まれた五郎は、十五歳の若さで磐城平《いわきだいら》の戦に参戦した。磐城平城は落城、五郎は一命を取りとめたものの父母とは離ればなれになった。以降、父、母、妹の三人の家族とは生涯会うことはなかった。慶応四年（一八六八年）のこと。会津若松城の落城、白虎隊の悲劇の一ヶ月前ほどのことである。

その後、五郎は父母を探す旅をつづけ各地を転々、職も転々としている。

五郎の遍歴をみると、ニコライ神学校へ入学、志波彦神社の宮司に師事、自由民権運動に参加、とまったく焦点が定まっていない。感受性の強い青年にありがちな行動だが、己の行く手を模索しあぐねていたのだろう。

山岡鉄舟が、次郎長に五郎を紹介したのが明治十一年。「この尻軽い猿を預かって、行儀を教えてやってくれ」と鉄舟に頼まれた次郎長は五郎を家に連れて帰った。当初は特別扱いもせず、一家の若い衆と同じ待遇だった。五郎はこの博徒の世界にも興味を持ち、たちまち一家に馴染んでいった。

日本最初のインテリヤクザの誕生である。

大政や増川仙右衛門らが特に五郎を認め、また、若い衆の部屋には五郎を囲む輪がいつも出来ていたという。若いが、上級士族であり数々の経験をしている五郎は特別の存在であったのだろう。

この頃、次郎長の語る昔話を聞き、それを原稿にしていた。後の『東海遊侠伝』である。

清水一家二代目で次郎長の養子になっていた大政が死去。大政が指揮していた富士の裾野開墾事業を継ぎ、現場の責任者となった五郎は、ほぼ同時に次郎長の養子となり山本五郎となった。

次郎長の死後、禅宗の僧侶となり「天田愚庵」となる。愚庵は法学のほか、短歌の面で特別な才能を発揮した。

その洗練された歌風は、正岡子規の『歌よみに与ふる書』や「短歌革新運動」の一種の手本となり、のちのアララギ派に大きな影響を与えている。

歌人・愚庵に特筆すべきは、歌の師匠を持っていないことである。あるとすれば「万葉集」のみ。したがって、写生写実の彼の作歌技法は「愚庵流」といわれてしかるべきなのである。

実は私、天田愚庵のファンである。だから、このこと、この章をいっぱい書きたい思いはやまやまなのだが「次郎長と久六」という本稿の筋から大きく逸れてしまうので、無念だがやめておく。

三、次郎長の養女「けん」は乙川村の出身

「おかあさんは、あの道を暑い日ざかりに通る人々をかぞえあげました。大野の町から車をひいてくる油売り、半田の町から大野へ通う飛脚屋、村から半田の町に出かけていく羅宇屋の富さん、そのほかたくさんの荷車ひき、遍路さん、こじき、学校生徒などをかぞえあげました」。

新美南吉の『牛をつないだ椿の木』から、大野街道のもようである。多分、大正の頃の大野街道、岩滑（やなべ）あたりのものだろう。

私はこのところ、次郎長と久六の足跡を求めて何度もこの街道筋を行き来した。そのたびに南吉のこのフレーズがなぜか口をついた。それは次郎長の養女「けん」が、この辺りの出身であると知ったことと無関係ではないと本能的に思ったからだ。大野街道、

半田街道をたぶん、おけんさんは歩いた。次郎長の女房、お蝶さんも歩いたに違いない。そんな感じを捨て切れなかった。もし私が、フィクションを書く作家なら、この街道を手に手を取って歩くお蝶とおけんの姿を描いたろう。

この大野街道、半田街道はまこと地味な街道だがなかなか歴史のある道だ。ちっとも保存らしいことはしていないのだが、あちこちに古い物語が落ちている。

鉄道網が延びてきた明治時代の中頃までは、伊勢方面からは大野湊へ船で着き、大野街道で知多半島を横断。乙川を通り衣浦湊や亀崎湊へ。そこから船で三河方面へ向かうのが一般的なルートだった。このルートは、本能寺の変の折り、徳川家康が大阪・堺から三河へ転進する際も通っており、古くから東海道の裏街道として使われていたものだ。

この道の影響が強かったのだろう、知多半島は尾張の国でありながら三河の文化圏にあった。物的交流、人的交流も盛んで、あの吉良の仁吉も「十五歳のときから一年間、半田の酢屋に奉公した」と『吉良町史』にあった。

船が最良の輸送機関であった当時、三河、知多半島間の小一時間の航路は、しっかりと両圏を結びつけていたようだ。

○

田口英爾氏（次郎長資料室室長・作家）の著書にしたがえば、次郎長の女房、三代目お蝶は西尾藩士篠原東吾の娘。次郎長の養女けんは、尾張国知多郡乙川村士族・山下燕八郎の二女とある。

けん（一八七六年生まれ）は、お蝶（一八三七年生まれ）の姪。年齢から勘案すると、お蝶と山下燕八郎は姉と弟になるのだろうか。

お蝶の本名は『けん』。養女となった姪も『けん』。故意か偶然か命名のいきさつは知る由もないが、同じ名の叔母と姪は、より強い親近感を持っていたはず。養女に指名するまでもそれなりの交流はあったはずだ。

お蝶は何度も乙川の地を訪れているとみていい。

お蝶は再婚である。次郎長の許に嫁いだとき生まれて幼い清太郎という先夫の子を伴っていた。先夫は戊辰戦争での戦死である。そんなお蝶を西尾の間之助が次郎長に紹介したのであろう。

私は「(お蝶は)知多半島から船に乗って清水港へ嫁入りした」との田口氏の一文の前に立ち止まった。お蝶は西尾から嫁入りしたのなら「知多半島から船」はおかしい。博識の田口氏が西尾と知多半島を混同するはずもないから、お蝶は半田港か亀崎港から船に乗ったはず。

何を言いたいのかって？　実は、先夫に先立たれたお蝶が三州西尾でなく、知多半島乙川の実家(！)あるいは親戚の家に帰っていて、そこから清水に嫁入りした、という図式をしきりに私は探したのである。

まず、おけんの実家、山下家を探した。

半田市乙川に山下姓は少ない。まして明治期の乙川村は本郷とよばれる一地域だから、山下さん探しにそう苦労はない。案の定、本郷に山下さんは二十軒余りしかなかった。しかし、そのうち一番古くから乙川にお住まいの方でも大正中期にここに移住されている。すなわち明治初期のおけんさんの実家、山下燕八郎家は今は乙川にない、ということとなった。

残念である。しかし、味岡源吾氏の著書に、お蝶が西尾藩士篠原東吾の娘というのは偽りで、実は西尾藩士江崎舟次の長女であるという。これは士族の娘が博徒の家に嫁ぐのを隠すため虚偽の届けをしたものとある。もとより、当時の戸籍は届出をそのまま記載し、変更もかなり自由に出来たラフなもの。それは次郎長の誕生日がいくつもあることからも分かるし、そんな例は掃いて捨てるほど聞いた。

そんなこんなで、おけんさんの実家は山下家でなく□□家じゃないか、なんて考えているわけだ。

お蝶さんは大正五年、八十一歳で他界。おけんさんは大正十年、四十五歳で亡くなった。おけんは清水港波止場の船宿『末廣』に住み、地元の人から「波止場のおけんちゃん」と親しまれていたという。

ともあれ、乙川に住む私は、乙川に居たはずの二人のおけんさんの足取りを探ることは宿題だと思っている。

四、辞世のうた

お蝶の辞世の歌は、

頼みなきこの世を後に旅衣　あの世の人に会うぞ嬉しき

である。「未練を残しながらあの世に旅立つ私であるが、あの世に行けば夫、次郎長に会えると思うと嬉しいことよ」。

次郎長の辞世、『六でなき四五とも今は飽き果てて　先立つさいに逢うぞ嬉しき』の結句「逢うぞ嬉しき」を採っている。

あまり出来がよく悔しいから、久六の辞世の歌を拙くも作ってやった。

四五に四五踏みて九六長の字を　三途の川で待つぞ嬉しき

解説代わりに読みくだくと、こうなる

死後（四五）にも四股（四五）を踏んで久六は身体を鍛え、きっと次郎長が三途の川にやって来るのを待っていることよ

○

次郎長さん、久六さん。あの世では血なまぐさい争いはやめて、相撲で決着をつけたらいかが。おっとそれでは大相撲ＯＢの久六に有利？　そりゃそうだ。ならば稼業の丁半で勝負。

「丁っ！」。

次郎長の声が聞こえた。

主な参考文献

『東海遊侠伝』　天田五郎＝『愚庵全集』昭和三年　政教社出版部
『半田町史』　大正十五年　愛知県知多郡半田町刊
『半田市誌資料編』　天保十二刊　村絵図集
『大野町史』　昭和四年刊　昭和五十四年復刻　常滑古文化研究会刊
『亀崎町史』　昭和二十年一月刊　亀崎町史刊行会
『尾張知多郡名所図会巻之六』　天保十五年刊（復刻版）
『次郎長の風景』　深澤　渉　静岡新聞社
『清水次郎長と明治維新』　田口英爾　親人物往来社
『江戸やくざ研究』　田村栄太郎　雄山閣
『虎造節・清水次郎長伝』　平岡正明　青土社
『侠客の系譜』　植田憲司　http://www.maotv.ne.jp/kyoukaku/
『実録　荒神山』　味岡源吾　私家版

あとがき

この本を書くに際し、多くの方々の協力を仰いだ。取材にもご協力頂いた。心より感謝したい。ことに、乙川公民館の主事・竹内雄幸さんからは幾度もご助言を頂いた。また、乙川・上池町在住、平野直さんの励ましが本書を書くエネルギーとなったことを付け加えたい。

それに売れもしないであろうこの本の出版を引き受けてくれた新葉館出版さんには感謝の念にたえない。

平成十六年九月

著　者

次郎長と久六

○

2004年10月5日 発行

編 集

西 まさる

発行人

松岡 恭子

発行所

新葉館出版

大阪市東成区玉津1丁目9-16 4F 〒537-0023

TEL06-4259-3777 FAX06-4259-3888

http://shinyokan.ne.jp E-Mail info@shinyokan.ne.jp

印刷所

FREE PLAN

○

定価はカバーに表示してあります。

ISBN4-86044-237-7